简简单单做实验

——带着孩子探索生活中的科学

周建中◎著

知识产权出版社
全国百佳图书出版单位

图书在版编目（CIP）数据

简简单单做实验：带着孩子探索生活中的科学 / 周建中著；中国福利会少年宫组织编写.— 北京：知识产权出版社，2016.1

ISBN 978-7-5130-4042-6

Ⅰ.①简… Ⅱ.①周… ②中… Ⅲ.①科学知识—少儿读物 Ⅳ.①Z228.1

中国版本图书馆 CIP 数据核字（2016）第 010601 号

责任编辑：石陇辉　　**责任校对：**谷　洋

封面设计：刘　伟　　**责任出版：**刘译文

简简单单做实验——带着孩子探索生活中的科学

中国福利会少年宫　组织编写

周建中　著

出版发行：知识产权出版社有限责任公司	网　　址：http：//www.ipph.cn
社　　址：北京市海淀区马甸南村 1 号（邮编：100088）	天猫旗舰店：http：//zscqcbs.tmall.cpm
责编电话：010-82000860 转 8175	责 编 邮 箱：shilonghui@cnipr.com
发行电话：010-82000860 转 8101/8102	发 行 传 真：010-82000893/82005070/82000270
印　　刷：北京科信印刷有限公司	经　　销：各大网上书店、新华书店及相关专业书店
开　　本：787mm × 1092mm　1/16	印　　张：10.75
版　　次：2016 年 1 月第 1 版	印　　次：2016 年 7 月第 2 次印刷
字　　数：136 千字	定　　价：30.00 元

ISBN 978-7-5130-4042-6

序言一

拥有理性的逻辑思维，学会客观地认识世界，是儿童在走向成熟的过程中，必须要学习的把握世界的方式。中国福利会少年宫历来重视少年儿童的科学教育，在少儿科普工作中成果显著，尤其是一批中青年科技教师在自己的专业岗位上，勇于实践、勤于积累、不断突破，在教学与科研方面取得了丰硕的成果。周建中老师便是其中一位。周老师在科学教育实践中倡导生活科普理念，即“观生活中的现象、用生活中的材料、探生活中的科学；在实验室之外也能进行科学实验实践”。

作为中国福利会少年宫生物学与科学指导，周建中老师主编过《初中生物实验活动》，著有《带着孩子学科学》《与孩子的科学对话》等少儿科学教育书籍。本书是他辛勤工作结出的又一硕果。

这本《简简单单做实验》产生的背景并不简单，它是贯彻落实《全民科学素质行动计划纲要（2006—2010—2020年）》的具体行动。纲要中将未成年人科普教育作为极其重要的部分。儿童的科学素养包括质疑、探究、创新、环保意识与习惯，而这种意识与习惯的养成，可以借助日常的科学实践来实现。《简简单单做实验》传递的是周老师在长期开展少儿科学教育中，不断实践和思考所总结出的一种简单、经济、高效的教育方法。他利用孩子对周围事物强烈的好奇心和探索未知的欲望，精心设计生活小实验，让孩子们在一次次不同科学主题的生活实验中，培育科学素养，增长人生智慧。

纵观全书的30个科学主题，我们会发现每个主题都是以“生活小问题”“生活中的材料”“方法与步骤”“小贴士”“智慧花”“你知道吗”等环节展开。它的优势在于，每一个小实验都不拘泥于特定场所，孩子们可以摆脱面对专门实验室的各种复杂仪器的紧张感，及实验操作上的烦琐，和家长一起或者独立利用生活中的材料、甚至是废弃的材料，去完成一个一个生动、有趣的小实验，让孩子在轻松快乐的状态下，学习最直接、最真实、最深刻的科学知识，在不知不觉中培养科学素养。

遵循宋庆龄先生“把最宝贵的东西给予儿童”的工作指导方针，周建中老师的《简简单单做实验》不但适合中小学，还特别适合农村学校、随迁儿童学校、社会公益性组织等指导孩子进行科学探究活动。它帮助在社区、在乡村、在老少边地区的孩子，以最简易的材料、最直观的实验效果，学习科学知识、传播科学思想。从这个角度讲，本书的出版有着极大的社会现实意义。

中国福利会少年宫一直以来非常重视校外教育的课程资源开发，只有规范科学的课程建设才能更有效地引领我宫在校外教育领域发挥更大的作用。本书的出版不是偶然的，是少年宫重视科研、坚持理论与实践相结合的必然结果。

作为中国福利会少年宫优秀的科学教育资源，本书在出版之际还受到了静安区科协等社会各界的关注和支持，在此表示感谢。

最后，希望这本图书承载着个人的智慧和集体的力量，走向读者、走向社会，让科学的知识惠及小朋友，让科学的精神引领大众，让全社会都来爱科学、学科学、用科学。

中国福利会副巡视员、中国福利会少年宫主任

上海市特级校长、特级教师

2015 年 11 月

序言二

周建中老师笔耕不辍，此次他的科普新作《简简单单做实验》即将由知识产权出版社出版，嘱我为序。在去年，我就曾接受周老师的邀请为《与孩子的科学对话》一书作序。如今再一次先睹为快，遂匆匆缀文以为序。

现代学校教育诞生以来，校内的教与学往往与学生的日常生活存在着一定距离，但生活从来都不是学习的对立面。学习源于生活，生活中存在着人类的普遍真理和动人智慧。特别是在科学教育的教学与实践方面，作者一直以来都积极倡导“生活科普”的理念，即通过观察生活中的现象和使用生活中的材料，为孩子们解答生活中的各种科学问题。这本书同样秉持了“生活科普”的理念，作者所选择的 30 个科学主题均为生活常见现象，内容涉及生物、化学、物理、环境和工程等各学科的基础知识。

本书面向的读者，可以是 6~9 岁的学龄儿童，以及他们的老师和家长，在阅读过程中可以采用师生互动、亲子互动等方式开展实验探究活动；也可以是 9~14 岁的青少年，他们可以通过阅读本书，独立地按照书中方法开展自主实验。本书实验所需的材料都是生活中常见的，最大的特点是以“步骤图”的方式呈现实验开展的流程，便于孩子们依照流程自主动手实践。在一次次不同科学主题的实验中，孩子们收获的不仅是对自然界的科学认识，更会充分激发他们的求知欲和探索欲，并逐步提升他们的实践能力和创新能力。

在今天，我们谈及对学生科学素养和创新能力的培养，就不得不谈到目前为不少研究者所广泛关注的“STEM”教育。“STEM”教育是将原本分散的科学、技术、工程和数学四门学科整合，以多维度、深层次的方式探究世界的相互关系和相互作用，以鼓励和帮助学生跨学科地解决问题。还有人提出将人文（“Art”）整合到“STEM”教育中，形成“STEAM”教育。但无论是“STEM”教育，还是“STEAM”教育，都是为了提升学生的跨学科思维和综合解决问题的能力。

目前，国内许多中小学已在科学和信息技术课程中融入了“STEM”教育理念，开展了大量的教学实践，最为典型的是机器人教学及实践项目。学生在学习和研究机器人的基本结构之后，根据“STEM”工程设计思想来设计和组装自己的机器人，随后对机器人进行编程，使其完成一系列规定动作和实现相应的设计功能。从学习基础知识到设计出具备一定功能的机器人，包含了问题观察、形成初步解决方案、工程设计、技术构建、动手制作和计算机编程等一系列的科学实践过程。

从很大程度上来说，“STEM”教育实现了课外科普与课内教学的有效结合。课外科普中遇到的诸多自然现象或科学问题，往往能够通过跨学科的思维，在课内以较为简单的形式来加以解释或解决。因此，“STEM”式的教育理念和实践方法具有很强的普适性。从小学、初中到高中，都可以选择各阶段相适应的教学方式。教师和家长也可以在各个活动中，根据不同实践需求，有选择性地担任设计者、组织者、讲授者、引导者或参与者等角色，对学生给予不同程度的指导和支持。当然，无论采用什么方法，都需要充分考虑学生的基本能力。只有做到因材施教，才能有效提升他们的科学素养和创新能力。

我国于2006年颁布的《全民科学素质行动计划纲要（2006—2010—2020年）》中，将未成年人科普教育作为其中重要的组成部分。当今社会，无论是在提升科技创新能力、建设智慧城市，还是在坚持绿色发展理念、倡导低碳环保等方面，都需要加强对下一代的科学教育。在我国新一轮课程改革中也突出强调了“核心素养”这一概念，对学校教育中的科学教育提出了新的要求。因此，我们必须积极突破学科壁垒，转变“知识至上”的传统教学观念和教学方法，着力培养学生在未来国家建设和发展中所需要的核心素养和创新能力。

基础教育是人成长的起点，世界各国已经充分认识到基础教育对培养学生科技创新能力的重要性。而对于一些在科技创新方面表现优秀并富有潜质的青少年科技人才，对他们的培养和评估恰恰是现有教育体制的短板。当前迫切需要重视和加强青少年科技创新教育，进一步发挥好学校、社会、家庭各方面的积极作用，共同营造有利于其成长成才的环境，才能为国家培养更多的创新人才。

本书作者周建中老师长期在少年宫系统工作，对青少年科普教育和科学素养培养有着非常丰富的经验。我们期待他能将这些成功经验更广泛地介绍给广大教师和学生家长；也期待各位老师和家长能受此启发，将课内教学和课外科普结合起来，共同推进我们的科学教育事业。

华东师范大学教育学部教授

华东师范大学学习科学研究中心研究员 任友群

2015 年 11 月 10 日于丽娃河畔

前　言

《简简单单做实验》想表达的是：生活处处有科学，身边处处能实践。只要我们够用心、够细心，孩子提出的科学问题，都可能成为探索的主题，都可能设计出一个个有趣的小实验，都可能让孩子在探索实践中收获科学的思想和方法。

《简简单单做实验》最大特点在于简单，即材料简单、方法简单、操作简单。但这种简单并不意味着随意和粗糙，它有思考、有设计、有升华，它折射出的是：对科学问题的深入思考、对实验方案的精心设计、对探索过程的不断升华。简单的小实验同样能揭示深奥的大道理。在成人创设的简单实验的情境下，孩子都能成为实验的主角，成为科学探究的有心人。

《简简单单做实验》的形成并非偶然，它成长于少年宫重视教学科研、重视课程建设的氛围中，它源于对生活科普的坚持和实践。“观生活中的现象、用生活中的材料、探生活中的科学、在实验室之外做实验”这一生活科普的诠释已渗透在科学教育课堂中，渗透在科普活动实践中，甚至渗透在与孩子关于科学主题的日常亲子对话与体验中。正是这种不断滋养、渗透、实践和反思，为本书的呈现奠定了基础。

《简简单单做实验》共30个科学主题，涉及生物学、环境学、工程学、物理学、化学等学科。这些主题，除近期创作外，其他源自：指导生物学与科学兴趣小组的活动案例的改写；曾发表在《动手做报》《少年科学》《中学科技》等刊物上的科普文章的改写；微信公众号“带着孩子学科学”(yushanshangshui) 上推送文章的改写。

科学是美丽的，因为传播科学的过程是美丽的、感受科学的体验是美丽的、收获科学的智慧是美丽的。也正因为此，在本书的编写过程中，得到了太多的关爱与支持。感谢中国福利会少年宫、上海市静安区科学技术协会、知识产权出版社为本书顺利出版提供的极大支持；感谢中国福利会副巡视员、中国福利会少年宫主任、特级校长特级教师陈白桦老师，华东师范大学党委副书记副校长任友群教授在百忙之中为本书作序；感谢中国福利会少年宫的同事们对我编写本书给予的帮助和期待；感谢中国遗传学会高级工程师安锡培老师、上海师范大学周根余教授、复旦大学倪德祥教授一直对我创作的关心、鼓励和推荐；感谢我的学生们在生物学和科学的互动体验课程中，给予的创作灵感；感谢我的亲朋好友一直以来对我创作的默默支持和理解；感谢前人丰富的科学研究和科普著作成果，为我提供了参考和借鉴。同样的感谢献给所有本书的读者，因为您的选择是对本书最大的支持和鼓励。

目 录

01 酵母真神奇

生活小问题

大家都吃过面包吧？在吃面包的时候，你是否闻到一股淡淡的清香，掰开面包时是否看到面包中间好像是一间间充了气的“小房间”，咀嚼面包时是否感觉松松的？还有，平时我们喜欢吃的酒酿小圆子是不是有股酒味呢？其实食物中的这些变化都是和一种微生物——酵母有关系。是它的神奇力量，让食物变得更美味。现在让我们看看酵母是如何发挥作用的吧！

生活中的材料

白砂糖、杯子、茶匙、小气球、酵母粉、针筒（20毫升）、橡皮筋、小木棒、餐巾纸。

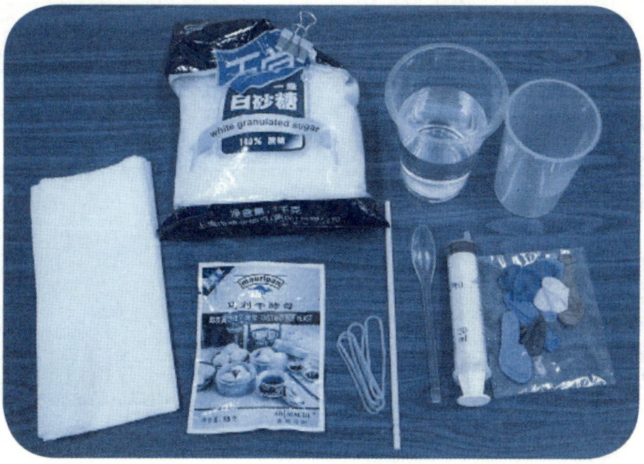

方法与步骤

（1）在杯子中加入半杯水，再加入 5 茶匙白砂糖，搅拌至白砂糖溶解。

（2）在刚才溶解的糖溶液中加入 2~3 茶匙酵母粉，迅速搅拌均匀。

（3）用 20 毫升的针筒吸取 20 毫升液体后，将针筒擦拭干净。

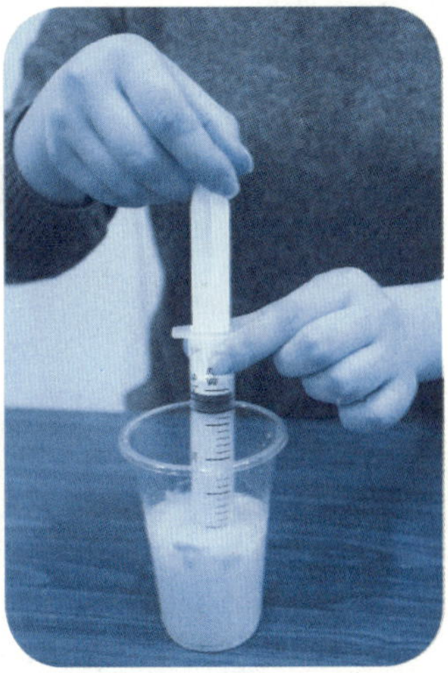

（4）将一小气球的颈部套在针筒头部，并用橡皮筋扎紧气球颈部和针筒头部连接处。

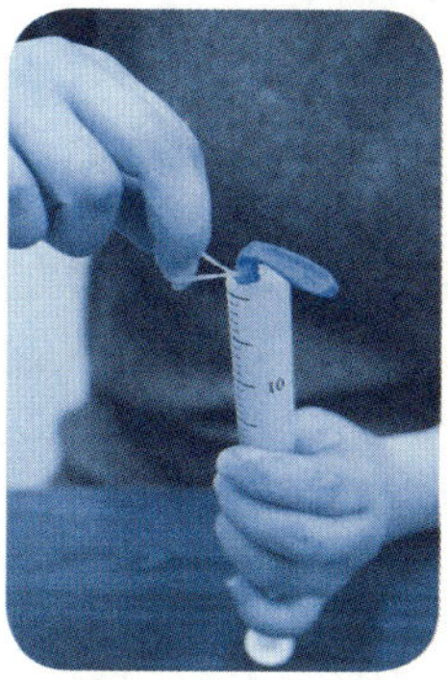

（5）将针筒活塞朝下，放置在空的玻璃杯中。

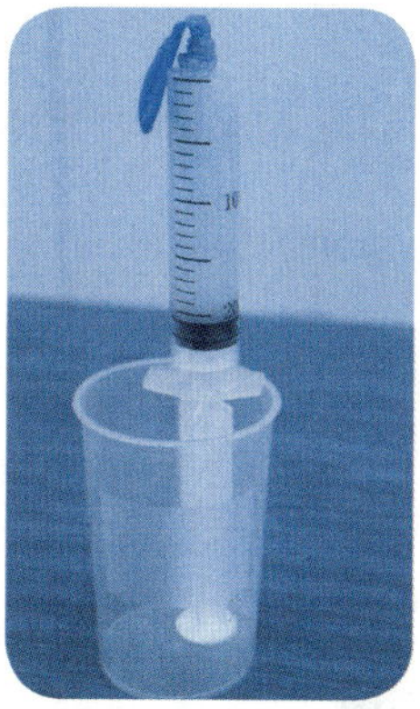

（6）观察 30 分钟左右，看看气球是否会膨大。

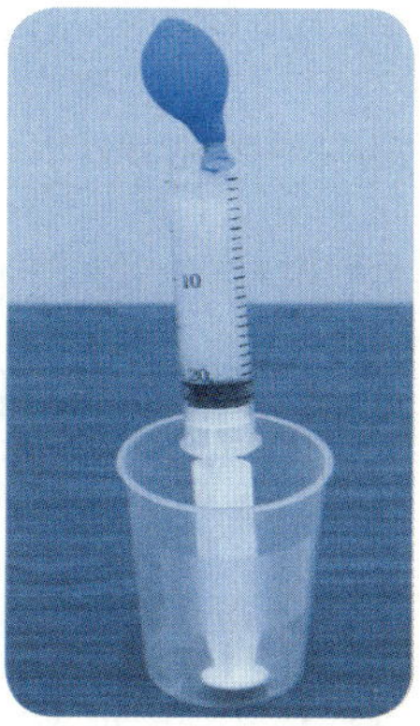

小贴士

酵母粉中含有具有活性的酵母，它是一类在自然界广泛分布的微生物，在一定条件下能大量繁殖。在糖溶液中，酵母能将糖分解转化成酒精和二氧化碳，这个过程也称为发酵。所以，会看到针筒内的液体冒气泡，气球也会随之膨大。面包中间一个个像“蜂巢”般的“小房间”，就是这种发酵作用产生气体的结果。

智慧花

为了让酵母粉发挥作用的速度更快，实验中使用的水温度越高越好。你同意吗？

智慧花答案

酵母菌在30摄氏度左右的温度下，发酵作用最佳。环境温度过高或过低都会使酵母菌丧失活力。

你知道吗

酵母菌是一群单细胞的真菌。自然界中的酵母菌主要分布在含糖分较高的偏酸性环境，如各种水果的表皮、发酵的果汁、蔬菜、花蜜、植物叶面、菜园果园土壤和酒曲中。酵母菌与人类的关系密切，它们在酿造、食品、医药工业等方面占有重要地位：利用酵母菌发酵生产酒精和含酒精的饮料，如啤酒、葡萄酒和白酒；利用酵母来制作面包；酵母细胞蛋白质中含有人体必需的氨基酸，因此它可用于生产食用和药用的单细胞蛋白。但酵母菌对人类并非都是有益的，有些酵母菌能引起植物的病害，少数还能寄生在人、畜和昆虫体上。白色假丝酵母（又称白色念珠菌）通常寄生在人体体表、口腔、咽喉、肠道等部位，可引起皮肤感染及免疫功能明显下降的全身感染。①

① 杨丰帅，周厚吾．白色念珠菌致病机制及治疗研究进展［J］．现代医药卫生，2013（11）：3411.

YES OR NO

参考答案

（1）酵母菌和霉菌都属于真菌。

（2）酵母菌对人类都是有益的。

（3）酵母菌不能像植物那样制造出自己生长所需要的养分。

(1) 正确。
(2) 错误。有些酵母可引起皮肤、呼吸道及泌尿系统疾病。
(3) 正确。

为自己点“赞”

在实验中，你每完成一项下面的内容就能得到一个。请将对应的涂成实心，看看自己能得几个。

快乐参与实验

自己寻找材料

顺利完成实验

发现新的问题

与小伙伴分享实验

设计新的实验方法

02 胡萝卜根发芽啦

生活小问题

在适量的水分、充足的空气、合适的温度条件下，种子就可能会萌发、长出幼苗，直至长成新植株。但你有没有发现有些植物可以不用种子就能发芽？如马铃薯块茎、红薯块根储存久了，就有可能发芽；玉树的叶片插入到沙土中、绿萝的茎叶插入水中也会生根发芽。这是怎么回事呢，难道它们也具备了种子发芽的本领？还是先做个实验，再回答这个问题吧！

生活中的材料

碟子 1 个、胡萝卜 3 根、小刀、砧板、干净抹布。

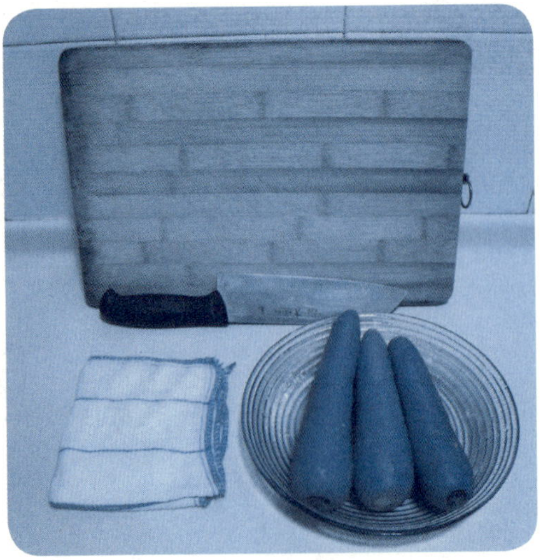

方法与步骤

（1）将一块干净抹布对折两次后，放在一个碟子中。

（2）往碟子中倒入一些清水，当抹布刚好湿透，停止加水。

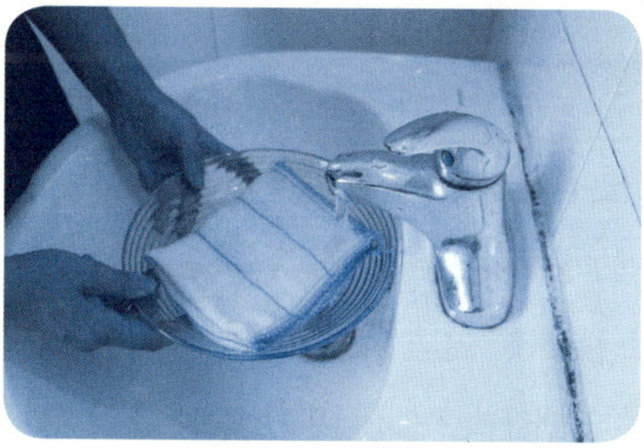

（3）取几个胡萝卜，切下萝卜头（在距胡萝卜底部2厘米处，将其切割下来）。

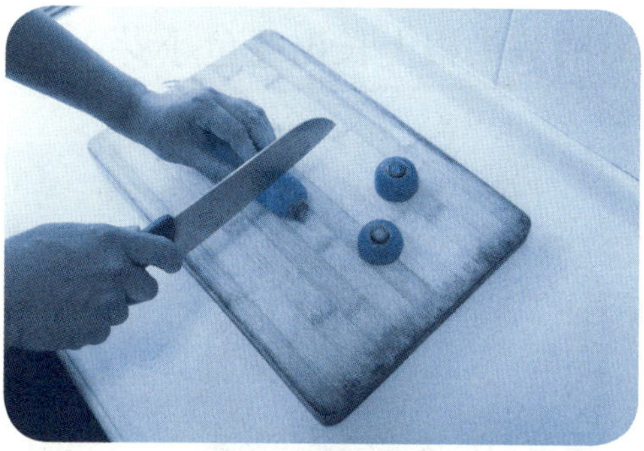

（4）将切下来的萝卜头切口朝下，放置在碟子中的抹布上。

（5）将碟子放置室内窗台处，每天加适量水，保持碟子中抹布的湿润。

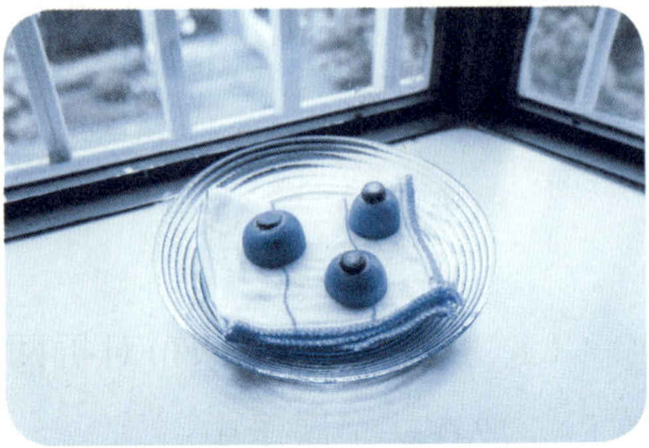

（6）每天观察胡萝卜头的变化（3 天后胡萝卜根上发出芽眼，1 周后胡萝头根上长出绿色小芽）。

小贴士

本实验利用了胡萝卜根部器官进行繁殖。切下来的胡萝卜头中含有幼芽能够被激发生长所需要的营养物质，所以在适宜的环境中，就能萌发出幼芽，进而形成小植株，这与植物所具备的“再生作用”有关。本实验须在成人陪伴下进行，在使用刀具时应注意安全。

智慧花

为何需要用多个胡萝卜头同时进行实验？

智慧花答案

这样可以避免实验出现偶然性，提高实验成功概率。

你知道吗

植物的器官可分为营养器官和生殖器官。营养器官通常指植物的根、茎、叶，而生殖器官则为花、果实、种子。营养器官的基本功能是维持植物生命活动，如植物的叶片进行光合作用产生养料，根可以吸收土壤中的水分和养分，茎可以运输水分和养料。而花、果实、种子是和植物体繁衍后代密切相关的。但在某些状况之下，植物的营养器官也可能成为繁衍的“亲本”，并由这些器官生长出新的个体，科学家将这种繁殖方式称为营养繁殖或无性繁殖，也称为“克隆”，即这种繁殖方式不涉及生殖细胞的融合。

YES OR NO

参考答案

（1）平时用作调料的生姜块状根，它们被放置久了也可能发芽。

（2）绿豆种子萌发需要利用种子中的营养才能进行，所以绿豆种子萌发形成小苗是一种营养繁殖。

（3）孙悟空拔一撮汗毛变化出无数个小孙悟空来，就是神话传说中折射出的典型的克隆思想。

(1) 错误。生姜食用的部分是块状茎。

(2) 错误。利用植物营养器官培育出新个体的繁殖方式，称为“营养繁殖”。

(3) 正确。

为自己点“赞”

在实验中，你每完成一项下面的内容就能得到一个👍。请将对应的👍涂成实心，看看自己能得几个👍。

- 快乐参与实验
- 自己寻找材料
- 顺利完成实验
- 发现新的问题
- 与小伙伴分享实验
- 设计新的实验方法

03 会“喝”墨水的芹菜

生活小问题

动物口渴了会喝水，这个不足为奇。但是如果说植物也会喝水，而且还会喝饮料，甚至是墨水，这个同学们可就奇怪了。难道植物也像人类一样口渴了会用“嘴巴”喝水？也像小朋友那样爱喝甜甜的果汁饮料？甚至像墨水笔一样可以将自己的橡皮肚子吸得满满的？这是真的吗？

生活中的材料

芹菜、玻璃瓶、墨水（红或蓝）、剪刀、餐巾纸、滴管、一次性杯子、清水。

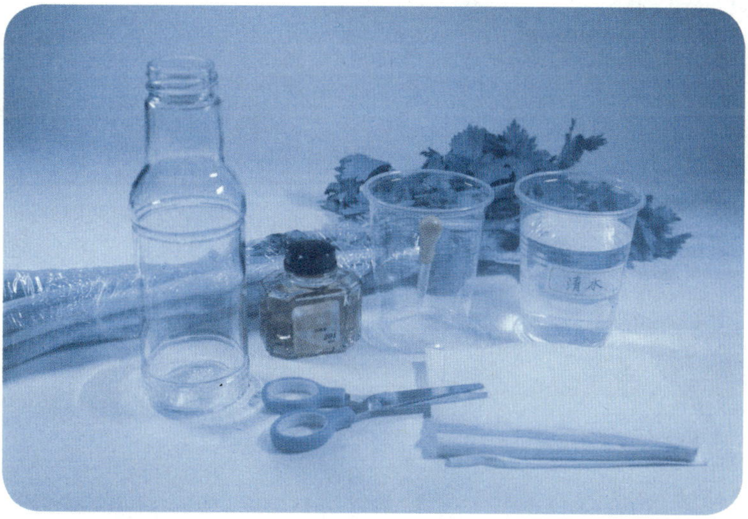

方法与步骤

（1）选择一棵根茎叶齐全的芹菜。

（2）在玻璃瓶中加入半杯水。

（3）在玻璃瓶中滴入一滴管墨水，瓶中水被染色。

（4）将芹菜插入瓶中，保持根部浸没在水中。

（5）将装有芹菜的玻璃瓶放在窗台处。

（6）24 小时后观察芹菜叶子的颜色。

（7）用剪刀横向剪下一段茎，观察茎段侧面、剪切面。

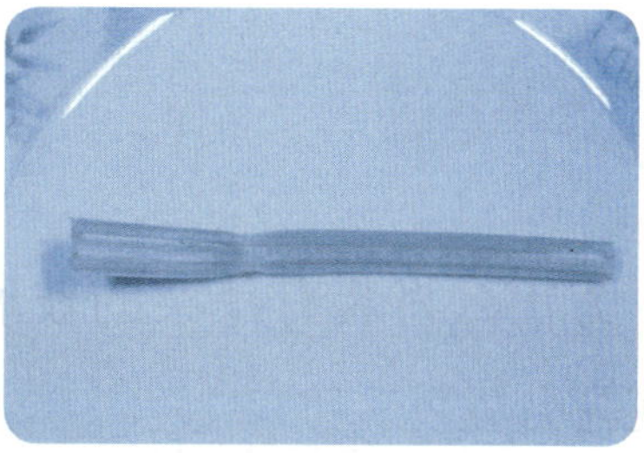

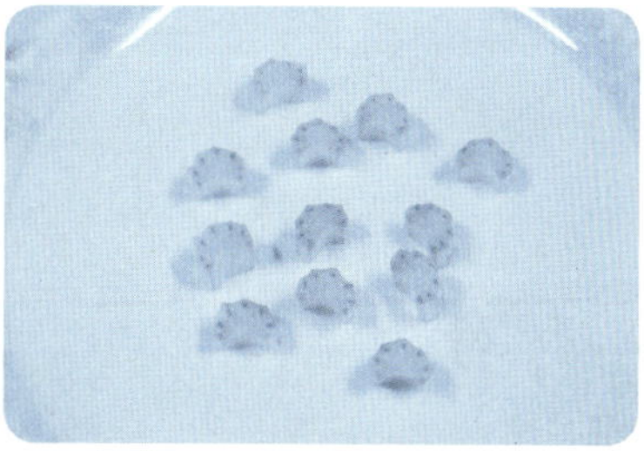

小贴士

像大多数动物从外界摄入水分有专门的器官那样，植物体吸收水分的器官主要依靠根部。通过根部的根毛区域，水分被源源不断吸收，再经过茎部导管到达植物体的各个部分。实验中，芹菜的横切面出现的染色点，就是导管的位置。叶片被染色了，这也证明水分“携带”着色素被芹菜根部吸收、再被茎运输的这一机理。

智慧花

为什么将装有芹菜的玻璃瓶放在窗台处？

智慧花答案

有利于芹菜进行光合作用，维持生命活力；同时光照能促进植物蒸腾作用，有利于植物对水分的吸收。

你知道吗

植物体运输水分和无机盐的结构是导管，导管位于木质部中。每根导管由许多管状的导管分子连接而成，导管分子是死细胞，它们之间的端壁上有穿孔，形成中空的管道。水分和无机盐是通过导管自下而上运输的。植物运输有机物的结构是筛管，筛管位于韧皮部中。筛管分子是长形的活细胞，两个筛管分子之间的横壁形成筛板，上面有筛孔。大部分有机物是通过筛管自上而下运输的。除茎以外，根和叶脉内也有导管和筛管，它们之间彼此连接和贯通，形成一个完整的管道系统，完成植物体运输水分、无机盐和有机养料的功能。①

所以，植物体内的物质运输也是各司其职、各行其道。

① 刘恩山．生物学（七年级上册）[M]．北京：北京师范大学出版社，2005：97–100.

YES OR NO

参考答案

（1）俗话说“树不怕空心，就怕剥皮”，这其实是和植物体内物质输送有关。

（2）绿色植物光合作用产生的有机养料，是通过植物体内导管运输的。

（3）蒸腾作用能促进植物体内水分和无机盐的运输。

(1) 正确。
(2) 错误。绿色植物光合作用产生的有机养料，是通过植物体内的筛管运输的。
(3) 正确。

为自己点“赞”

在实验中，你每完成一项下面的内容就能得到一个👍。请将对应的👍涂成实心，看看自己能得几个👍。

快乐参与实验

自己寻找材料

顺利完成实验

发现新的问题

与小伙伴分享实验

设计新的实验方法

04 叶子也会“哈气”吗

生活小问题

同学们都有这样的经验，在寒冷冬天的户外，你哈气时，会看到一缕白色的雾气。这是因为从身体中释放的水蒸气遇到外界寒冷环境时，就会凝结成小水珠，所以我们会看到白色的雾气。如果有人告诉你，植物也会像人类那样向外界“哈气”，你肯定会疑惑。这是怎么回事呢？还是先做个实验，看看这种现象是否会发生。

生活中的材料

绿萝盆栽植物、塑料瓶、橡皮泥、透明胶带、保鲜袋、胶水、毛笔、剪刀、记号笔。

方法与步骤

（1）在两个塑料瓶中分别加入大半瓶水，并用橡皮泥封口。

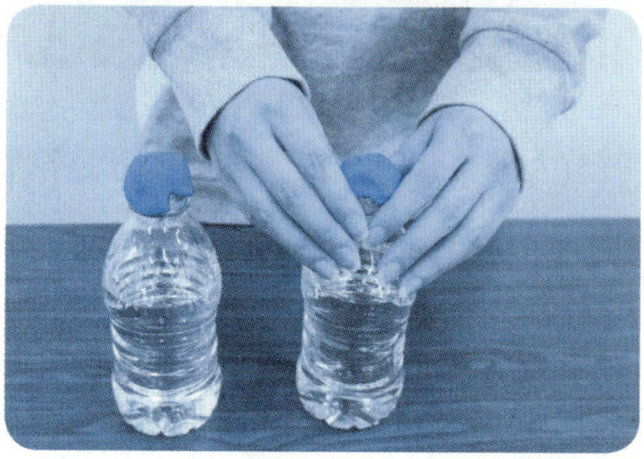

（2）从绿萝盆栽植物上剪下两枝长短相同、带有 3 片叶子的茎段。

（3）将两枝绿萝茎段分别插入塑料瓶中，茎段基部插入水中。

（4）一枝茎段的叶片上下表面、茎部全部涂上胶水，另一枝茎段不涂胶水，并分别标记为 A、B。

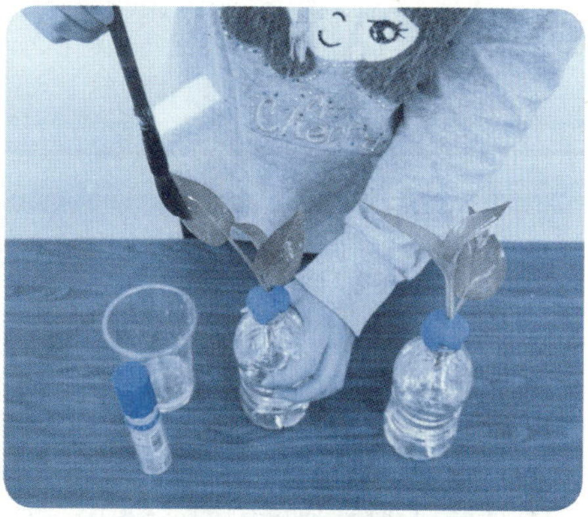

（5）待胶水干后，用保鲜袋将两个瓶子上的绿萝茎段包裹住。

（6）将插有绿萝茎段的两个瓶子放在有光照的窗台处。

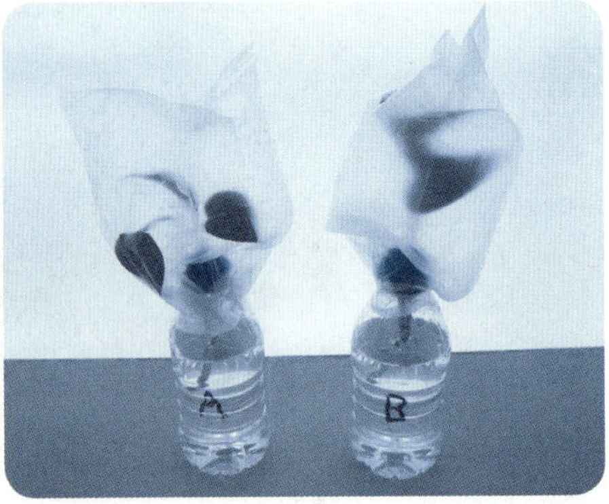

（7）2 小时后，观察两个瓶子上的保鲜袋是否变模糊。

小贴士

自然界中的植物通过根系从土壤中吸取的水分，会通过茎向上传送至叶子，而叶子上的气孔又会将90%左右的水分以水蒸气的形式散失到体外，这个过程叫蒸腾作用。实验中，标记为B的绿萝所在的保鲜袋中有明显的雾气且有水珠出现，这主要是因为叶片的蒸腾作用向袋中释放了水蒸气，进而液化成小水珠。而标记为A的绿萝，由于叶片被涂抹了胶水，气孔被封闭，水分不易散失，所以效果不明显。

智慧花

用橡皮泥给塑料瓶封口的目的是什么？

智慧花答案

防止水蒸气通过瓶口从瓶内向保鲜袋内散失，影响实验效果。

你知道吗

蒸腾作用是水分从活的植物体表面以水蒸气状态散失到大气中的过程，这与蒸发过程是不同的，因为蒸腾作用不仅受外界环境条件的影响，还受植物本身的调节和控制，它是一种复杂的生理过程。正是蒸腾的“拉力”作用，使得土壤中的水分通过植物根毛、根内导管、茎内导管、叶内导管、气孔向上运输，进而散失到大气中，呈现了“水往高处流”的奇观。据测定，水在植物体内由低处向高处运送的速度为每小时 5~45 米，一般草本植物只需十多分钟，全身细胞就能“喝”上水了。植物蒸腾丢失的水量是很大的。有些树木在 12 小时里就能散失掉 6.81 吨水。据估计，一株玉米从出苗到收获需消耗 200~300 千克的水。[①]

（1）通过气孔的蒸腾，称为气孔蒸腾，气孔蒸腾是植物蒸腾作用的最主要方式。

（2）蒸腾能够降低叶片表面的温度，使叶子在强光下进行光合作用而不致受害。

（3）植物蒸腾散失的水量是很大的，所以蒸腾对植物吸收水分是不利的。

（1）正确。

（2）正确。

（3）错误。蒸腾作用是植物对水分进行吸收和运输的主要动力，特别是高大的植物，假如没有蒸腾作用，由蒸腾拉力引起的吸水过程便不能产生，植株较高部分获得水分将变得困难。

① ［美］贾尼斯·范克里夫．有趣的生物科学实验 101［M］．林文鹏，译．上海：上海科学技术文献出版社，2009：32–33.

为自己点“赞”

在实验中，你每完成一项下面的内容就能得到一个。请将对应的涂成实心，看看自己能得几个。

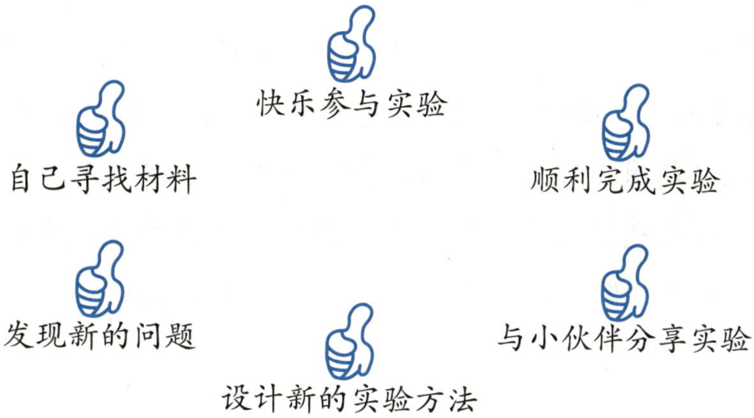

05 黄瓜“吐水”啦

生活小问题

大家都吃过凉拌黄瓜吧！知道这道菜是如何做的呢？其实很简单，先将新鲜黄瓜切成片放在碗中，在黄瓜片上撒一点食盐，腌制一段时间后，再将黄瓜片取出，放入调味料拌着吃就行。那你在取出黄瓜片时，有没有发现它们周围出现了水分，像“吐水”一样，脆脆的黄瓜片变得软软的。如果这时再将变软的黄瓜片浸入到清水中，它们又会变得饱满和清脆起来，像“喝了水”一样。这是为什么呢？

生活中的材料

新鲜黄瓜、一次性杯子、玻璃杯、清水、食盐、吸管、橡皮泥、保鲜膜、小刀、茶匙。

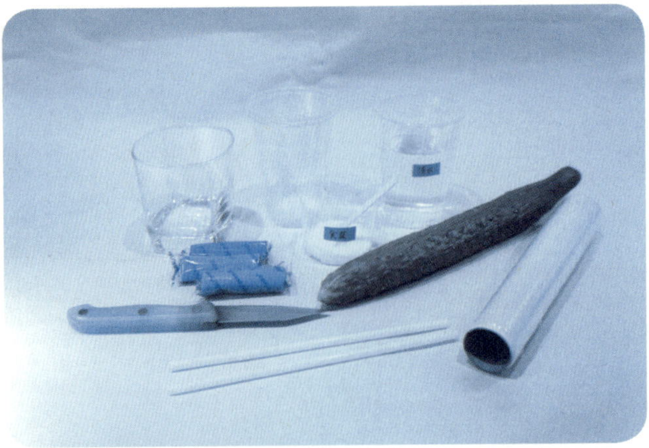

方法与步骤

（1）配置盐水。在一次性杯子中加入半杯清水，再加入 3~4 茶匙食盐，用吸管搅拌至食盐完全溶解。

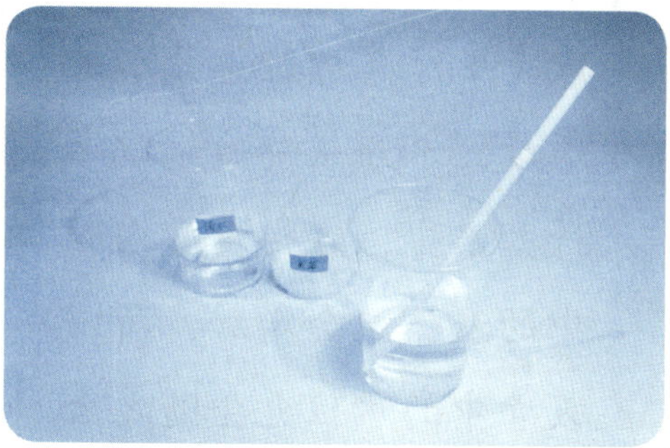

（2）用小刀将黄瓜由中部切开分成两段，再用小刀将黄瓜中间部分淘空，形成一个圆柱状的深坑，这样“黄瓜容器”就制成了。注意：黄瓜的底部不能被挖穿。

（3）在“黄瓜容器”中加满盐水后插入吸管，再用橡皮泥将“容器口”封住，吸管一端露在“容器口”之外。为达到密封效果，可以在橡皮泥周边及上面用保鲜膜覆盖。

（4）将“黄瓜容器”放在玻璃杯中，30分钟后，观察吸管液面变化。

小贴士

黄瓜由细胞构成，植物细胞的吸水和失水主要取决于一个个微小的细胞内外两侧溶液的浓度。当细胞液的浓度大于外界溶液的浓度时，细胞就会吸水；反之细胞就会失水。本实验中，黄瓜细胞液的浓度低于其内腔中盐水的浓度，水分从黄瓜细胞渗进盐水中，这样黄瓜内腔中的液体就会增加，所以吸管中的水位也会随之上升。本实验须在成人陪伴下进行，在使用小刀具时要注意安全。

智慧花

实验中，为什么要选用新鲜的黄瓜？

智慧花答案

黄瓜越新鲜，细胞中的水分越多，实验效果越明显。

水是植物体内最多的物质，也是最重要的、无法替代的物质。水分占植物重量的60%~90%，既可作为各种物质的溶剂充满在细胞中，也可以与其他分子结合，维持细胞壁、细胞膜等植物正常结构及其性质，使植物器官保持直立状态。植物细胞内的物质运输、生物膜装配、新陈代谢等过程都离不开水。如果没有水，植物将无法顺利地散发热量，保护自己不受炎热的烈日灼伤；如果没有水，植物无法吸收土壤中的矿物质和有机营养。水不但是植物生长和发育必需的物质条件，也是植物与周围环境相互联系的重要纽带。①

（1）蔬菜放几天就会变软，这与蔬菜失去水分有关。

（2）一般植物不适宜在盐碱地上生长，主要是盐碱地缺乏植物生长所需的营养物质。

（3）对于处于萎蔫状态的植物，最有效的办法是及时补充水分。

（1）正确。

（2）错误。主要是因为盐碱地土壤溶液浓度大于植物细胞液的浓度，导致植物的根系不断失水，所以植物在盐碱地上生长不好。

（3）正确。

① 邓馨瑄．当植物遭遇干旱［J］．科学大观园，2011（18）：61-63.

为自己点“赞”

在实验中，你每完成一项下面的内容就能得到一个 。请将对应的 涂成实心，看看自己能得几个 。

快乐参与实验

自己寻找材料

顺利完成实验

发现新的问题

与小伙伴分享实验

设计新的实验方法

06 甘蓝的“特殊功能”

生活小问题

甘蓝大家一定很熟悉吧！在蔬菜大家族中，甘蓝不仅营养价值很高，而且是一种天然的防癌食物，所以它的食用价值受人推崇。甘蓝可以炒着吃，也可以凉拌吃。你有没有发现：凉拌甘蓝倒入醋时，甘蓝叶片会变成红色。这是为什么呢？在自然界中，甘蓝如果是在酸性土壤中生长，叶片往往是红色；在碱性土壤中生长，叶片往往是蓝绿色，这又是为什么呢？原来，甘蓝具有一种特殊功能，能够指示物质的酸碱度。

生活中的材料

甘蓝、一次性杯子、小锅、滴管、白醋、橙汁、肥皂液、豆浆、绿茶、标签纸。

方法与步骤

（1）将甘蓝叶片撕成小块，放入小锅中。

（2）将水倒入锅中，倒入的水量刚好淹没甘蓝。

（3）将盛有甘蓝叶片的小锅放在火源上加热，待锅中水沸腾后，继续煮 5 分钟。

（4）待锅中液体冷却后，将甘蓝汁液倒入一次性杯子中，待用。

（5）在5个一次性杯子中分别倒入1厘米高度的白醋、橙汁、肥皂液、豆浆、绿茶液，待用。

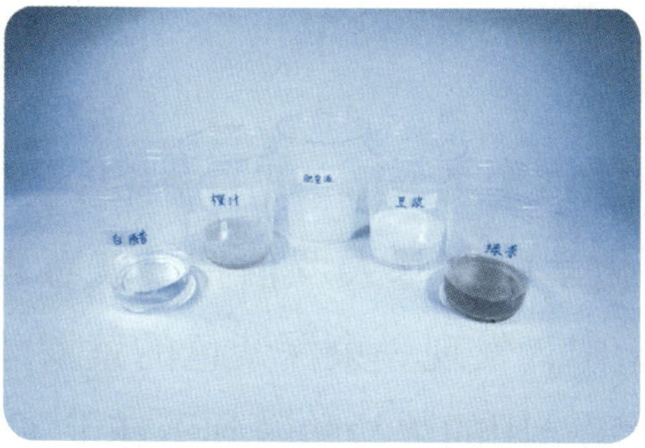

（6）在5个一次性杯子中分别滴入1滴管的甘蓝液。

（7）观察各个杯中液体的颜色变化。

小贴士

紫甘蓝中含有丰富的花青素，花青素遇酸变红，遇碱变蓝。当它在碱性土壤中生长时，它的叶子呈蓝绿色，而在酸性土壤中生长时叶子则呈现紫红色，这也就不难理解了。本实验中，肥皂液是碱性的，所以甘蓝汁液会变蓝；白醋是酸性的，所以甘蓝汁液会变红。本实验须在成人陪伴下进行，注意用火安全。

智慧花

能否用甘蓝液制得一种便于保存、携带的酸碱度指示纸？

智慧花答案

将滤纸（或普通白纸）在甘蓝液中浸泡几秒钟，自然晾干后，剪成小纸条放入塑料袋中密封保存。需要测定时，就像pH试纸那样方便。

17 世纪，英国著名化学家、近代化学的奠基人罗伯特·玻意耳（Robert Boyle，1627~1691）在一次实验中，发现一束深紫色的紫罗兰突然冒起了烟雾。走近一看，原来是做实验用的浓盐酸溅到了花上了。玻意耳立即拿起花束放在水里清洗。结果奇迹发生了！紫罗兰变成了“红罗兰”。这一偶然的发现引发玻意耳深入思考：紫罗兰若遇到其他酸溶液，会不会也有这种现象？如果有色植物遇到的不是酸，而是碱的话，又会有什么结果？玻意耳找到了许多有色植物，如玫瑰、樱草、洋红、石蕊、姜黄、苏木等，提取这些植物的汁液后分别与酸、碱作用。有的在酸作用下变色，有的则遇碱才变色。玻意耳用这些植物中提取的汁液制成了试纸。他用试纸对酸性溶液和碱性溶液进行多次试验，终于发明了我们今天还在使用的酸碱指示剂。[①]

① 周文斌．化学之父罗伯特·玻意耳［J］．初中全科导学，2011（9）：35–36.

YES OR NO

(1) 英国人罗伯特·玻意耳发明了指示酸碱度的石蕊试纸。

(2) 酸碱指示剂是指借助其颜色变化来指示溶液 pH 的物质。

(3) 在甘蓝浸出液中滴入白醋变成红色后，就没有办法复原甘蓝液原先的颜色了。

参考答案

(1) 正确。

(2) 正确。

(3) 错误。只要加入适量的碱性溶液，甘蓝浸出液原先的颜色就会复原。

为自己点“赞”

在实验中，你每完成一项下面的内容就能得到一个👍。请将对应的👍涂成实心，看看自己能得几个👍。

- 快乐参与实验
- 自己寻找材料
- 顺利完成实验
- 发现新的问题
- 与小伙伴分享实验
- 设计新的实验方法

07 鸡蛋也会出“汗”

生活小问题

鸡蛋光溜溜，想必这是大家对鸡蛋的感觉。但当你把它拿在手上仔细触摸的话，你就会感到鸡蛋并没有想象得那么光滑，不但不光滑，而且还有点粗糙。若你再仔细观察，你会发现蛋壳上面密布着针尖粗细的小麻点。那么这些麻点是什么呢？它们有什么作用呢？我们一起通过实验来揭开谜底。

生活中的材料

鸡蛋、一次性杯子、小杯子（能使鸡蛋架在上面）、镊子、一次性针筒、餐巾纸。

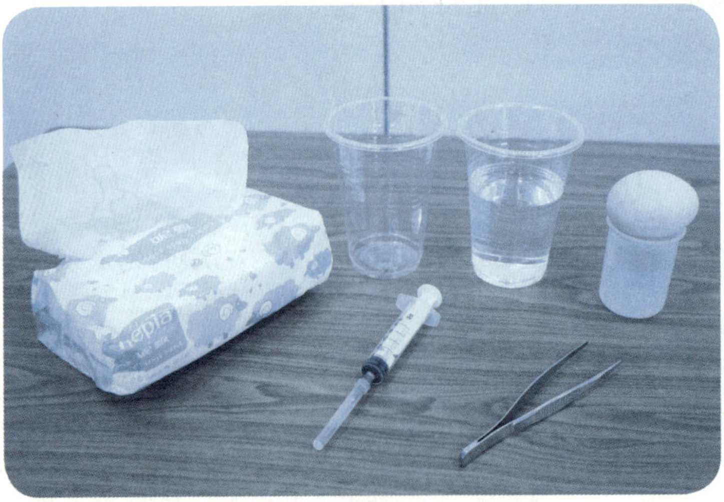

方法与步骤

（1）将鸡蛋表面洗干净，用餐巾纸擦干后，待用。

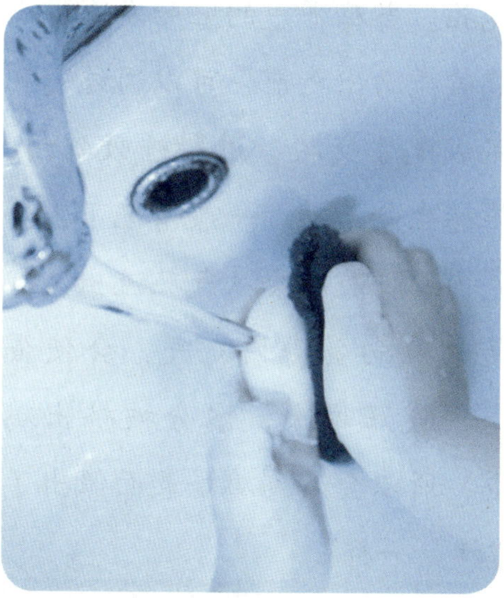

（2）将鸡蛋架在小杯子上，用镊子在蛋壳上轻击出一个小洞。

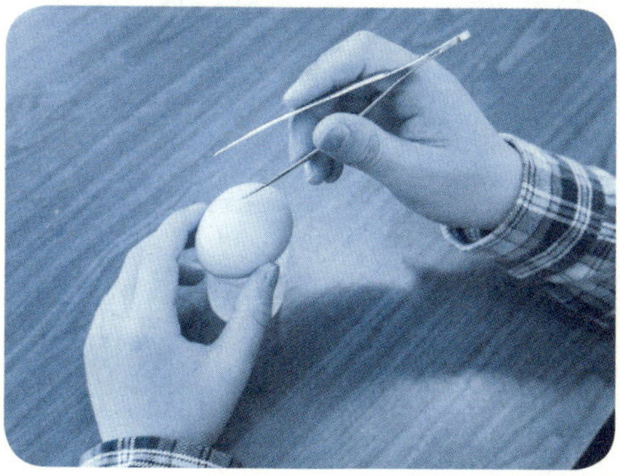

（3）将针筒吸足空气后，通过蛋壳上的小洞往鸡蛋中充气。

（4）在鸡蛋下方放置一个一次性杯子，让蛋液流进杯子中。

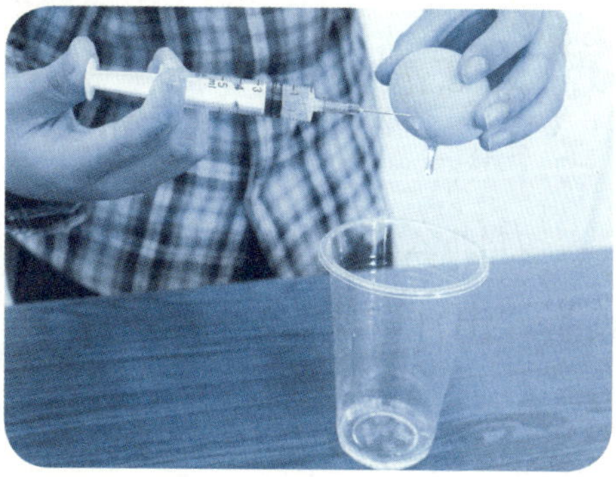

（5）用针筒重复往蛋壳内充气，观察蛋壳周围有没有水珠出现。如果有水珠出现，就像蛋壳表面流出“汗液”一般。

小贴士

鸡蛋表面看上去很光滑、很致密，其实在上面有一个个肉眼很难分辨的小孔，这些小孔称为气孔。当鸡蛋中的胚胎发育成小鸡破壳而出之前，可以通过气孔完成气体交换，进行呼吸作用，维持生命活动。一般情况下，蛋壳内的蛋液不会从气孔流出，但是如果向蛋壳内充气，会使蛋壳内气压增大，水分被挤出鸡蛋，所以会看到鸡蛋表面像出了“汗”一样。

智慧花

为什么在平时不太容易见到鸡蛋“出汗”呢？

智慧花答案

因为蛋壳内外两侧的气压是平衡的，加之蛋壳上有护膜的保护，所以蛋液中的水分不易渗出蛋壳外。

蛋壳又称为卵壳。卵壳主要由钙盐和少量有机质组成。卵壳较硬，起保护作用。卵壳的内侧有卵壳膜，它分为内层卵壳膜和外层卵壳膜两层。这两层膜在其他部分紧贴，但在钝端分开形成气室。卵壳膜是半透明的，主要由角蛋白和少量碳水化合物构成，它只允许水、小分子物质通过。卵壳膜在胚胎发育中能维持鸟类渗透压和呼吸作用，保护胚胎。除鸥类蛋外，卵壳的外侧覆有护膜，呈全封闭状的透明蛋白质薄膜。护膜不影响卵的气体交换，但可阻止卵中水分过度丧失并防止微生物侵入，这就是洗过的鸡蛋易坏的原因。卵壳上有气孔，在高倍显微镜下观察，气孔为椭圆形或圆形，孔道似漏斗状，从外向内越来越窄。气孔的分布是不均匀的，钝端的气孔密度常大于锐端的气孔密度。由此可见，这普普通通的蛋壳，结构和功能是多么复杂啊！

（1）卵壳能透气，保证胚胎发育时气体代谢的进行。

（2）洗过的鸡蛋容易坏的原因主要是失去了蛋壳上护膜的保护。

（3）鸡蛋浸在醋中不久后有气泡产生，这是因为鸡蛋中的气体从蛋壳中排出来了。

参考答案

(1) 正确。

(2) 正确。

(3) 错误。鸡蛋壳中含有钙盐，在醋中钙盐与醋酸发生反应，产生了二氧化碳。

为自己点“赞”

在实验中，你每完成一项下面的内容就能得到一个👍。请将对应的👍涂成实心，看看自己能得几个👍。

快乐参与实验

自己寻找材料

顺利完成实验

发现新的问题

与小伙伴分享实验

设计新的实验方法

08 伸与屈的奥秘

生活小问题

很多人都喜欢啃鸡爪，尤其是啃到鸡爪里面的一条条半透明的“筋”，感觉脆脆的、特别有嚼劲。那你想过没有，这些半透明的“筋”是什么呢？它们有什么作用呢？启发一下：看过提线木偶吗？当木偶演员拉动手中不同细线时，木偶的手脚就会动起来。其实鸡爪中的“筋”有点类似提线木偶中的那些细线，在生物学中它有个专门的术语——肌腱。接下来就让我们看看肌腱是怎么发挥作用的。

生活中的材料

鸡爪、尖嘴老虎钳、剪刀、餐巾纸、盘子。

方法与步骤

（1）将鸡爪洗净后，用餐巾纸吸干，放入餐盘待用。

（2）用剪刀将鸡爪根部皮肤剪开，露出白色的肌腱。

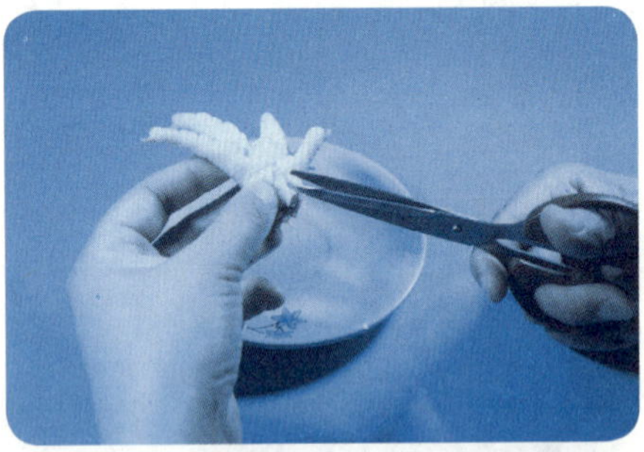

（3）用老虎钳依次拉动每一个肌腱，观察鸡爪的活动情况。

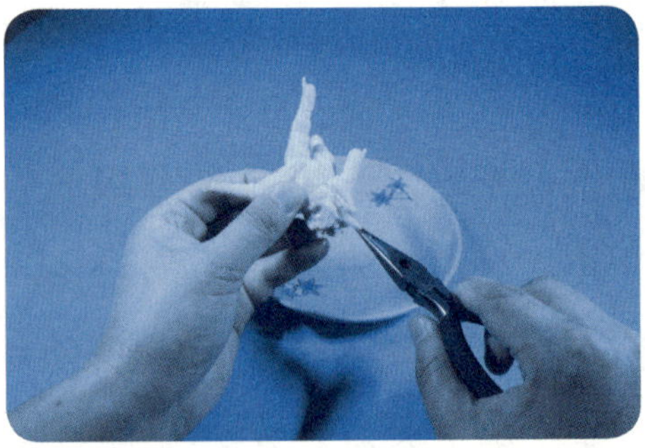

小贴士

每只鸡爪的外侧面和内侧面都有肌腱。如果拉动支配爪子内侧的肌腱，爪子就会弯曲；拉动支配爪子外侧面的肌腱，爪子就会伸直。人类及其他灵长类动物的手和脚上都有肌腱，这些肌腱负责手部和脚部的伸展（伸肌腱控制）和弯曲（屈肌腱控制）。

智慧花

老虎钳拉动肌腱模拟的是什么生理作用？

智慧花答案

模拟肌肉肌腹收缩拉动肌腱，从而促使爪子屈或伸。

你知道吗

肌腱是肌腹两端的索状或膜状致密结缔组织，便于肌肉附着和固定。一块肌肉的肌腱分别附在两块或两块以上的骨骼上，由于肌腱的牵引作用，肌肉收缩带动不同骨骼的运动。每一块骨骼肌都分成肌腹和肌腱两部分，肌腹由肌纤维构成，色红质软，有收缩能力；肌腱色乳白，较硬，没有收缩能力。它们组合在一起，控制肌肉的力量，如爆发力和耐力。由于肌腱在身体内承受很大的机械负荷，因此常常会受损。每年仅在美国，就会有 1600 万的肌腱和韧带损伤者。肌腱损伤通常包括急性损伤和慢性损伤。许多运动员在训练和比赛中突然发生肌腱撕裂或离断，就属于急性损伤。而慢性损伤常被称为肌腱病。肌腱损伤后会经历一个缓慢自发的愈合过程，有时候会用手术干预来促进这个过程。①

① 郭文，王继宏，等. 应力在肌腱愈合中的作用［J］. 中国组织工程研究，2015（29）：4716.

（1）肌腱由致密的结缔组织构成，色白，较硬，有较强的收缩能力。

（2）肌腱具有较强的耐压、抗张力和抗摩擦的能力。

（3）当肌腱与骨完全粘连时，粘连区远侧一个或几个关节特定的主动活动会丧失。

(1) 错误。肌腱是没有收缩能力的。
(2) 正确。
(3) 正确。

为自己点“赞”

在实验中，你每完成一项下面的内容就能得到一个👍。请将对应的👍涂成实心，看看自己能得几个👍。

快乐参与实验

自己寻找材料

顺利完成实验

发现新的问题

与小伙伴分享实验

设计新的实验方法

09 不一样的指纹

生活小问题

大家有没有这样的经历，办身份证时，警官会让你留下指纹信息；或者出境或入境时，海关可能也会让你留下指纹信息。为什么要采集指纹信息呢？因为指纹就是你的符号，它里面蕴含着你和别人相区别的信息。那指纹究竟是什么呢？不妨将你的手掌摊开，仔细观察手指末端腹侧面，你会发现有一条条的纹路，并且每个手指的纹路形状不一样。这种在指末端指腹上由凹凸的皮肤所形成的纹路称为指纹，它能使手在接触物件时增加摩擦力，从而更容易发力并抓紧物件，这是人类进化过程中自然形成的。如果你想知道自己的指纹纹路如何，并且想将它保留下来的话，可以按照下面的方法来提取指纹。

生活中的材料

白纸、铅笔（最好是 2B 以上的）、透明胶带、剪刀。

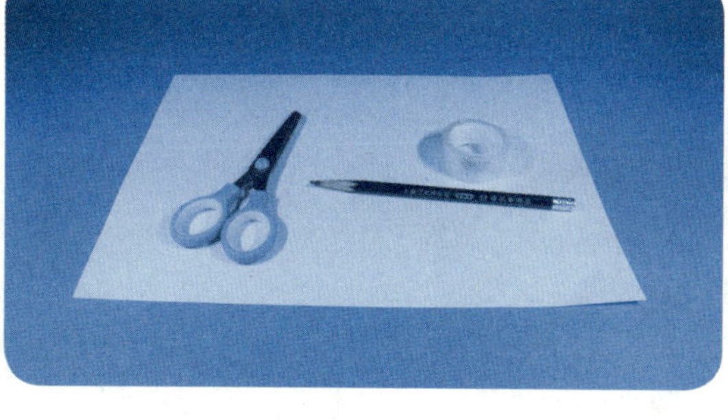

方法与步骤

（1）将左手掌心朝上手指伸开放在白纸上，用铅笔沿着手指和掌心轮廓画一个手掌图形。

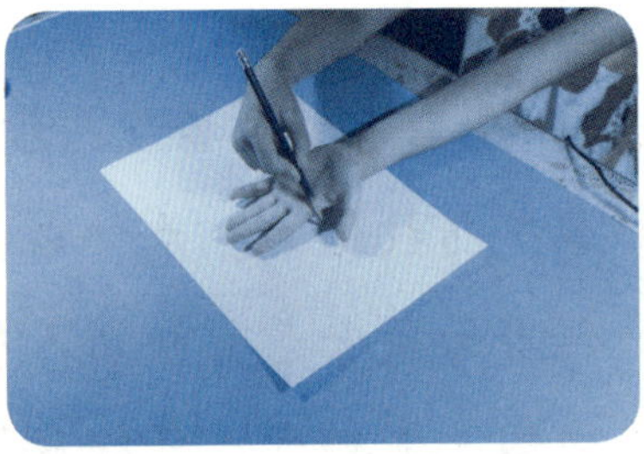

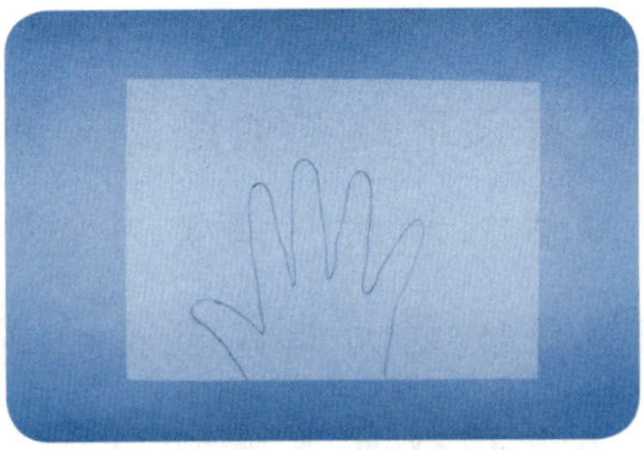

（2）将铅笔笔芯在白纸的空白处来回划 30~50 次，使纸上呈现一团黑色的石墨。

（3）将左手的大拇指指腹侧紧紧地压在石墨上，然后将透明胶带贴在沾有黑色石墨的大拇指上。

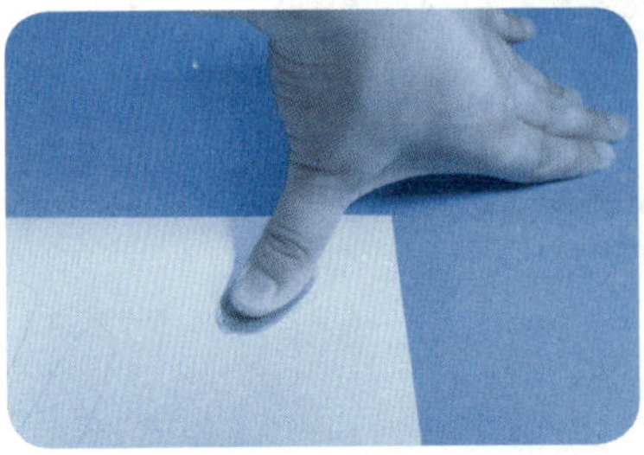

（4）将透明胶带从拇指上取下，贴到左手掌图形的大拇指位置。再用上述方法得到其他手指的指纹，依次贴到手掌图形的相应位置。

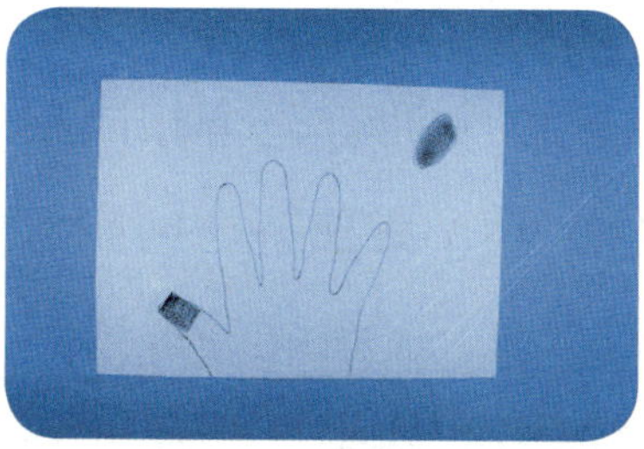

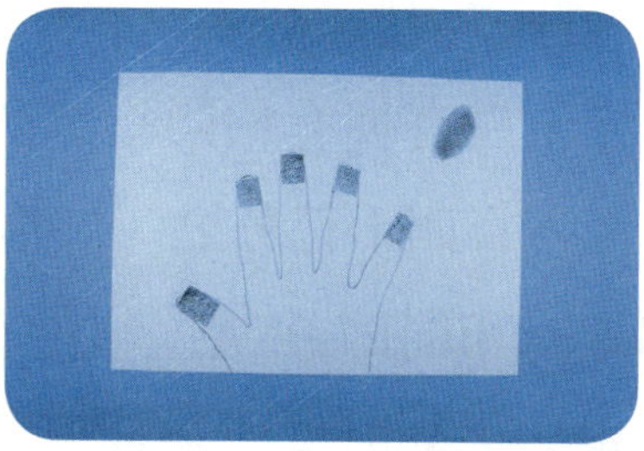

（5）这样左手指纹图提取完毕，如果有兴趣的话还可以用同样的方法提取右手指纹。

小贴士

本实验中，也可以将手指沾上石墨后直接压在白纸上，但这样得到的指纹和手指上的实际指纹正好是相反的。用透明胶带这样粘贴一下，得到的指纹和实际指纹就一模一样了。提取完指纹后，准备一张绘有三种指纹类型（斗形纹、弧形纹、箕形纹）的图谱，比对自己每个手指的指纹究竟属于哪一类。还可以参照上述方法提取爸爸妈妈、爷爷奶奶、外公外婆的指纹，制作一份家庭指纹图谱，研究比较一下指纹的相似与相异之处。

智慧花

用透明胶带粘取涂在拇指指腹上的石墨时，能不能用拇指反复碾压透明胶带？

智慧花答案

不可以，这样会使指纹在不同位置被压后，发生重叠错乱。

你知道吗

世界上没有拥有相同指纹的人，出现两个拥有完全相同指纹的人的概率为六百四十亿分之一。指纹甚至比 DNA 更独特。同卵双生者尽管最初拥有相同的 DNA，却没有相同的指纹。[①] 指纹的形成包含许多偶然因素，是基因表达和环境因素共同作用的结果。当胎儿在母体内发育到 3~4 个月时，指纹就已经形成，但儿童在成长期间指纹会略有改变，直到青春期 14 岁左右时才会定型。在皮肤发育过程中，虽然表皮、真皮及基质层都在共同成长，但柔软的皮下组织长得比相对坚硬的表皮快，因此会对表皮产生源源不断的上顶压力，迫使长得较慢的表皮向内层组织收缩塌陷，逐渐变弯打皱。这种变弯打皱的过程随着内层组织产生的向上压力的变化而波动起伏，形成凹凸不平的脊纹或皱褶，最终定型为至死不变的指纹。人类的指纹千差万别，但归类起来共有三大类型，即斗形纹、弧形纹和箕形纹。指腹的纹路呈同心圆或螺旋纹线，像水中漩涡似的，称为斗形纹；如果纹线是一边开口的，像簸箕似的，称为箕形纹；有的纹形像弓一样，或像波浪，称为弧形纹。

斗形纹

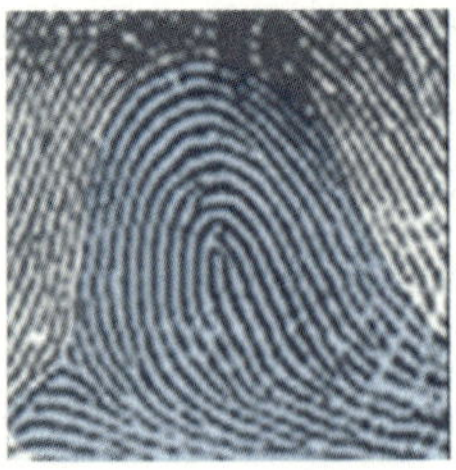

箕形纹

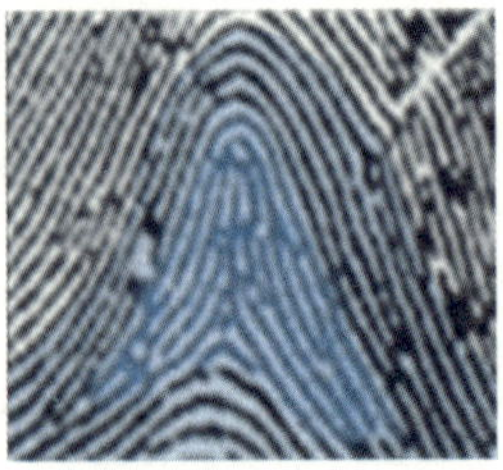

弧形纹

① 张守忠 . 指纹中的秘密［J］. 大自然探索，2010（2）：62.

YES OR NO

（1）如果磨破了表皮，伤愈后就不能长出同样的指纹。

（2）留下印痕主要是由于在人的手指、手掌面的皮肤上，存在有大量的汗腺和皮脂腺。

（3）除了人类，大猩猩、黑猩猩、猩猩等灵长类动物的“手”部和“脚”部也有指纹。

参考答案

（1）错误。若磨掉了表皮，只要不伤及内部的真皮层，伤愈后仍能长出同样的指纹。

（2）正确。

（3）正确。

为自己点“赞”

在实验中，你每完成一项下面的内容就能得到一个👍。请将对应的👍涂成实心，看看自己能得几个👍。

快乐参与实验

自己寻找材料

顺利完成实验

发现新的问题

与小伙伴分享实验

设计新的实验方法

10 神秘的遗传物质

生活小问题

你曾经有过这些疑惑吗？为什么西瓜植株上只能结出西瓜果实？为什么绿豆种子发芽长出的小苗只能是绿豆苗，而不是赤豆苗、黄豆苗、豌豆苗呢？这就是我们俗话说的“种瓜得瓜、种豆得豆”。那究竟是什么神秘的物质存于生物体内，决定着“龙生龙，凤生凤，老鼠生儿会打洞”呢？科学家对这种神秘物质研究了150多年，现在我们已经知道，它就是核酸，它携带着庞大的遗传代码，维系着亲代与子代遗传信息的传递。根据化学组成不同，核酸可分为核糖核酸（RNA）和脱氧核糖核酸（DNA）。DNA的结构决定生物合成蛋白质的特定结构，并保证这种遗传特性传给下一代。接下来就让我们用最简单的方法，来粗提取生物的DNA，一睹它的尊容。

生活中的材料

西红柿、砧板、小刀、一次性杯子、玻璃杯、小木棒、洗洁精、盐、医用酒精、一次性茶匙、带盖小试管（或小的细长带盖玻璃瓶）、滤纸、小漏斗、剪刀、滴管、记号笔。

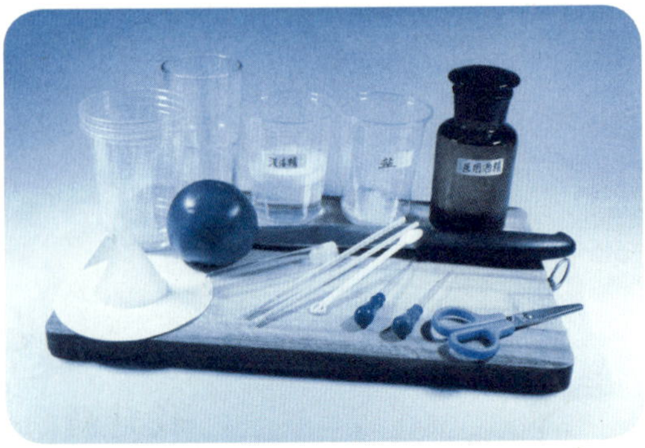

方法与步骤

（1）将半个洗净的西红柿切成小碎块（碎块越小越好），放入一次性杯子 A 中。

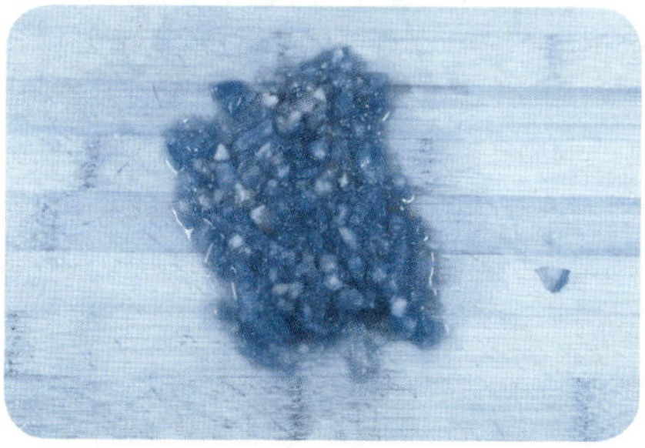

（2）在一次性杯子 B 中加入 2 茶匙盐，1/4 杯子容量的洗洁精，用小木棒搅拌均匀。

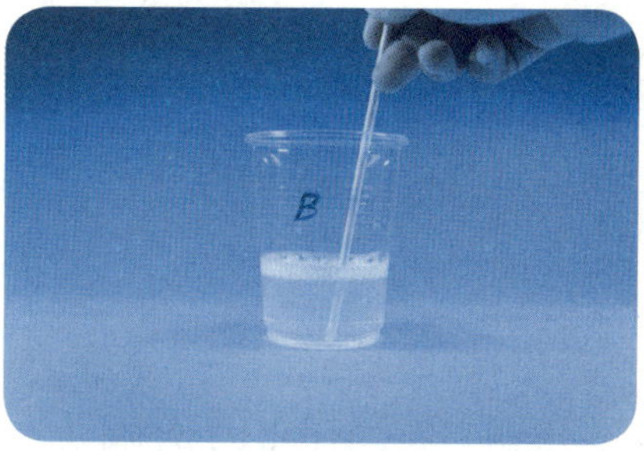

（3）将杯子 B 中的液体倒入杯子 A 中后，用小木棒搅拌混合物，直至番茄成酱状。

（4）将滤纸对折两次后，按一侧三层、另一侧一层打开，呈圆锥状。将圆锥状滤纸放置在漏斗中，滤纸边缘略低于漏斗。

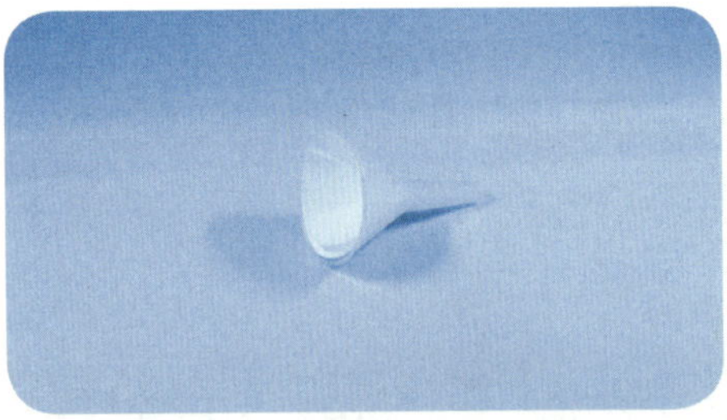

（5）将漏斗架在小试管（固定在玻璃杯中）上。

（6）将杯子 A 中的液体倒入漏斗中过滤，当试管中的过滤液达到约 3 厘米高时，停止过滤。

（7）用滴管在小试管中加入冷却的医用酒精（已冷藏 12 小时），加入的量和过滤液一样多。

（8）用塞子将小试管盖住，轻轻上下翻转直至液体充分混合。

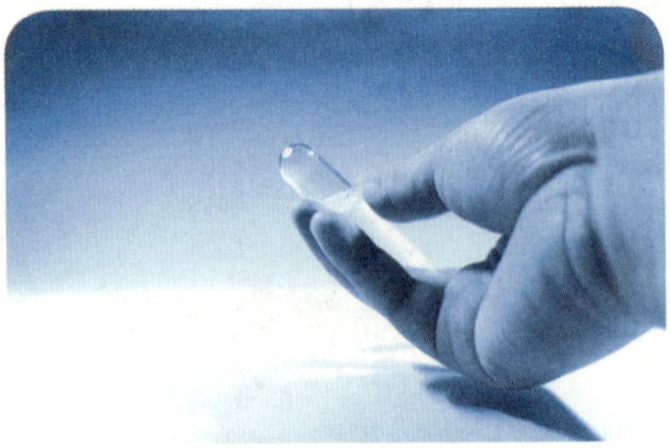

（9）观察试管中是否有白色物质出现。

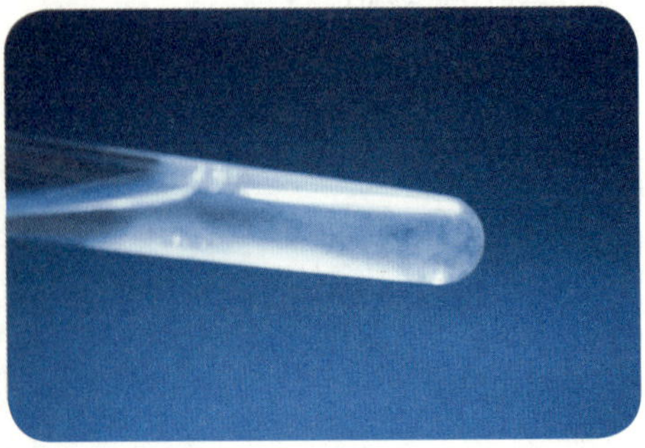

小贴士

1868 年，瑞士科学家米歇尔第一个从脓血白细胞的细胞核中发现并提纯出遗传物质——核素（现称为“核酸”）[①] 以来，提取核酸对于科学家来说已并非难事。本实验是以番茄为实验对象，进行粗提取 DNA 的实验，最后在试管中出现的白色絮状物质，是许多 DNA 分子聚合在一起的产物。当然这是粗提取出来的遗传物质，不够纯净。由于需要用到刀具及酒精，实验须在成人陪伴下方可进行。

智慧花

加入洗洁精的作用是什么？

智慧花答案

洗洁精是表面活性剂，能溶解细胞膜和核膜，有利于DNA的释放。

你知道吗

DNA 主要存在于细胞核中，它们是储存、复制和传递遗传信息的主要物质基础。RNA 主要存在于细胞质中，它们是以 DNA 为模板转录而成的，并且直接参加蛋白质的生物合成过程。因此，DNA 是 RNA 的模板，而 RNA 又是蛋白质的模板。存在于 DNA 分子上的遗传信息就是这样由 DNA 传递给 RNA 再传递给蛋白质的。DNA 独特的双螺旋结

① 李科友，朱海兰．遗传物质——DNA 发现的启迪［J］．生物学通报，2010，45（10）：59，61.

构和碱基互补配对能力使 DNA 的两条链“可分”“可合”，半保留复制自如。“精确”复制的 DNA 通过细胞分裂等方式传递下去，使子代（或体细胞）含有与亲代相似的遗传物质。但“精确”复制并不是绝对不存在差错的，虽然复制差错率非常低（1 亿 ~10 亿分之一），然而却会导致基因发生突变，出现新基因，产生可遗传的变异，有利于生物的进化。正因为有这样的功能，人们把核酸誉为“生命之源”。

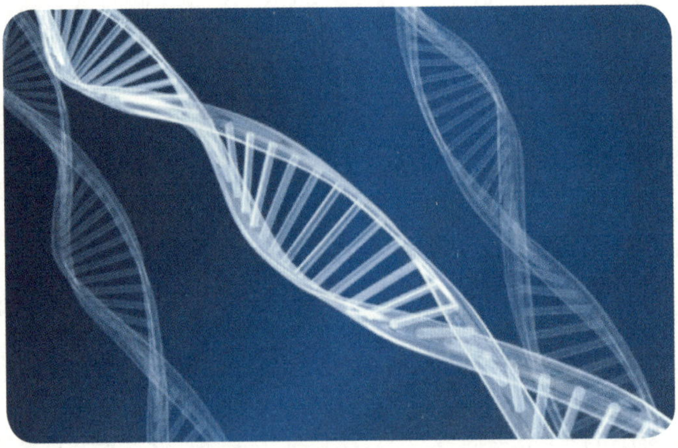

DNA 双螺旋结构模型

YES OR NO

（1）DNA 和 RNA 都是双螺旋结构。

（2）没有核酸，就没有蛋白，也就没有生命。

（3）“种瓜得瓜，种豆得豆”是生物的遗传现象；“一母生九子，连母十个样”是生物的变异现象。

参考答案

（1）错误。DNA 呈双螺旋结构，RNA 一般呈单链结构。

（2）正确。

（3）正确。

为自己点“赞”

在实验中，你每完成一项下面的内容就能得到一个。请将对应的涂成实心，看看自己能得几个。

快乐参与实验

自己寻找材料

顺利完成实验

发现新的问题

与小伙伴分享实验

设计新的实验方法

11 土壤的“记忆”

生活小问题

记忆是人类心智活动的一种，它代表着一个人对过去活动、感受、经验的印象累积，属于心理学或脑部科学的范畴。但你听说过土壤也有“记忆”吗？土壤承载着世界万物，提供养料、过滤水分，塑造不同的环境。但人类却在不断地损伤它、蚕食它。土壤对强加于它的这种伤害会有强化和累计作用，当达到一定程度时，它会失去其原有的活力，如沙化、盐化等，这就是土壤的“记忆”。原来土壤的“记忆”就是一种对它日积月累的伤害。接下来，就让我们来模拟土壤所遭受的一种伤害。

生活中的材料

两个 20 毫升的一次性针筒、一次性杯子、细吸管、一次性茶匙、滴管、陶泥、海绵胶、剪刀。

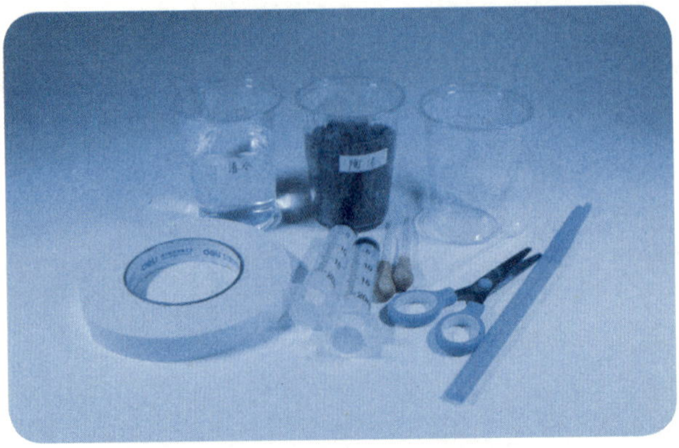

方法与步骤

（1）将两个 20 毫升针筒的活塞取出。

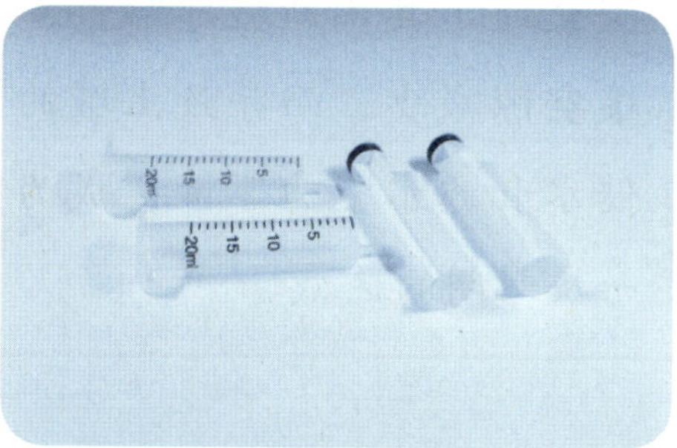

（2）用一次性茶匙将陶泥装入一个空针筒中，边加边轻拍针筒，以使针筒空间被填满，直至陶泥位于针筒 10 毫升的刻度处。该针筒标记为 A。

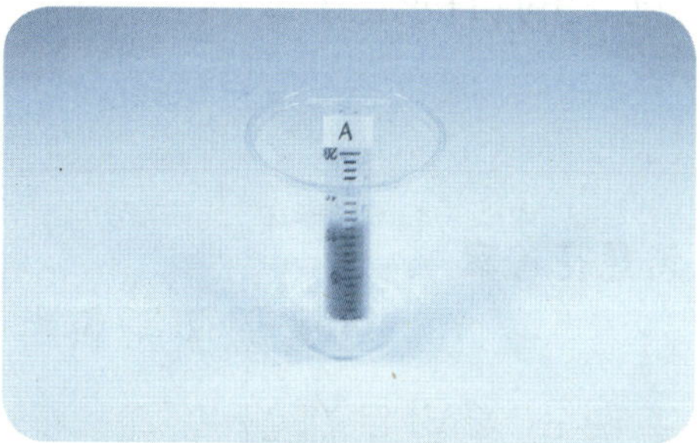

（3）用同样的方法，将陶泥加入到另一个空针筒中，每加入少部分陶泥就插入活塞，重重地往下压实陶泥，直至陶泥位于针筒 10 毫升的刻度处，该针筒标记为 B。

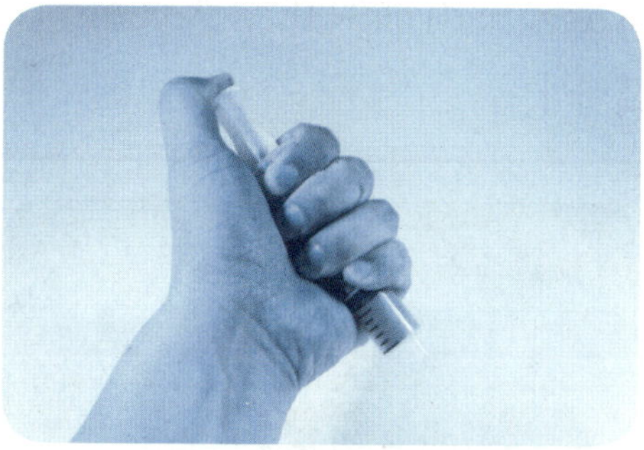

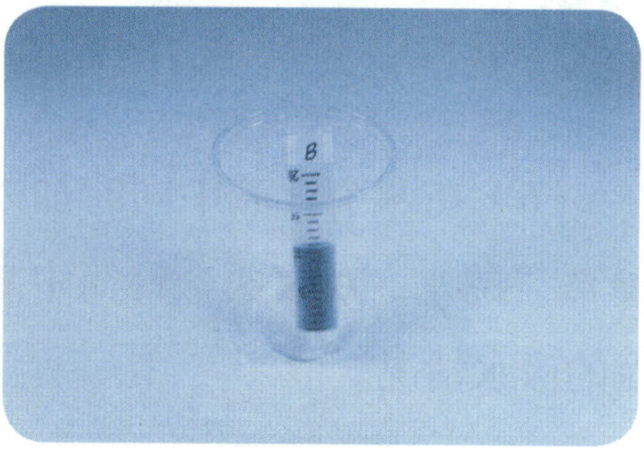

（4）将两根吸管横架在一次性杯子杯口，吸管与杯口相接处用海绵胶固定，两根吸管间的距离应恰好能将针筒架住。

（5）将两个针筒头朝下，针筒基部突出部架在一次性杯口的吸管上。

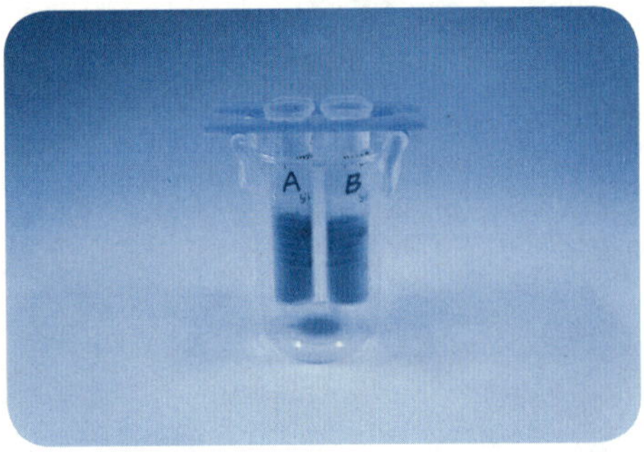

（6）在两个针筒中同时加入10滴管的水，观察两个针筒中陶泥的渗水情况。

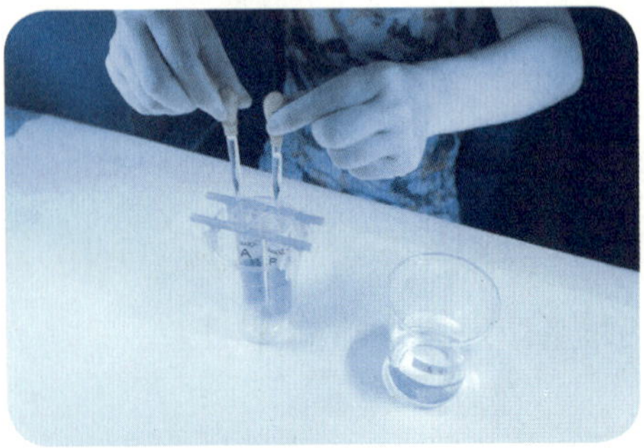

小贴士

本实验中，陶泥用来模拟土壤，用针筒活塞压实陶泥是模拟土壤被建筑物、重型交通工具不断施压后，土壤空隙减少，而导致土壤的储水和滤水能力下降，成为一块封闭的区域。

智慧花

在另一个针筒中，用活塞压实陶泥的目的是什么？

智慧花答案

这是模拟自然界中的土壤遭受的伤害。

你知道吗

随着城市不断扩大，水泥地基在土壤上方迅速蔓延。这些地基之上承载着大量建筑、各种交通工具，使得土壤不断被压缩、被封锁，导致土壤中的空隙越来越小，逐渐丧失了贮藏和过滤水的功能。在寒冷的冬天，为了防止路面结冰、促进雪后融雪，将大量盐（主要成分是氯化钠）撒在路面上已成为世界各国通用的方法，但盐的溶液大部分沉积在土壤中导致土壤盐碱化加重，严重影响植物的生长。由于人口急剧增长、工业迅猛发展，固体废弃物不断向土壤表面堆放和倾倒，有害废水不断向土壤中渗透，大气中的有害气体及飘尘也不断随雨水降落在土壤中，以及农业中对化肥及杀虫剂的过量使用，都导致土壤受到了伤害。这种伤害会影响土壤的正常功能，降低作物产量和质量，还通过粮食、蔬菜、水果等间接影响人类的健康。可想而知，土壤的这种“记忆”作用后果是多么可怕！

YES OR NO

（1）土壤有和我们人类一样的记忆。

（2）旱地比湿地更容易受到风的侵蚀。

（3）为了防止土壤被污染，应拒绝使用农药。

参考答案

(1) 错误。土壤的这种“记忆”，只是土壤受到某种日积月累的伤害。

(2) 正确。

(3) 错误。不能因噎废食，应该在土壤能够承受的范围内适量使用农药。

为自己点“赞”

在实验中，你每完成一项下面的内容就能得到一个👍。请将对应的👍涂成实心，看看自己能得几个👍。

快乐参与实验

自己寻找材料

顺利完成实验

发现新的问题

与小伙伴分享实验

设计新的实验方法

12 可怕的酸雨

生活小问题

纯净的水是中性的，但由于大气中的二氧化碳溶于水形成弱酸性，使降水的 $pH < 7$，显示为轻微的酸性，不过这时的降水还不足以称为酸雨。当空气大量堆积因煤燃烧、机动车和工厂排放的酸性物质，此时形成的降水，$pH < 5.6$，就成为酸雨。酸雨被称作“天堂的眼泪”或“空中的死神”，它是人类遇到的全球性灾害之一。那么酸雨是如何产生危害作用的？危害的结果又如何？我们可以通过一个简单的实验来模拟酸雨对种子萌发的影响。

生活中的材料

白醋、清水、绿豆种子、一次性杯子、保鲜膜、滴管、脱脂棉花、小木棒、一次性茶匙。

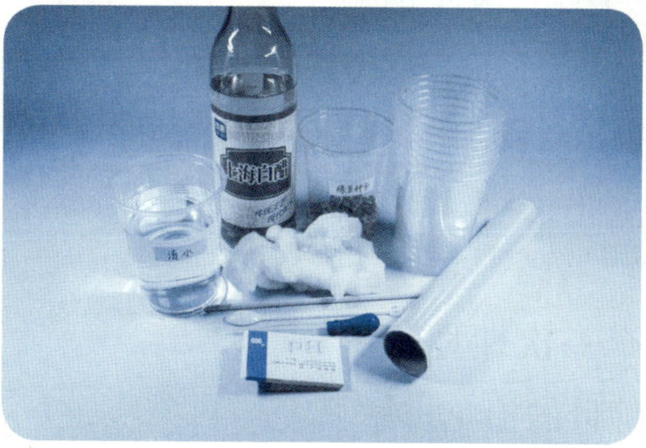

方法与步骤

（1）将绿豆种子放入一次性杯子中，再往烧杯中加入清水，浸没种子，12~24 小时后取出种子，待用。

（2）配置模拟酸雨。用清水和白醋，通过 pH 试纸的测试调节，分别配置 pH=3、pH=4、pH=5 的模拟酸雨。以上每组模拟酸雨配置量为 1/5 杯子容量。

（3）准备 4 个一次性杯子，每个杯子中垫上等量的棉花，每个瓶中放置 20 粒经清水浸泡的颗粒饱满的绿豆种子。

（4）用滴管在 4 个杯子中分别滴入等量的清水和 pH=3、pH=4、pH=5 的模拟酸雨，滴入的液体量以棉花刚刚湿透为准，杯口用保鲜膜封住。

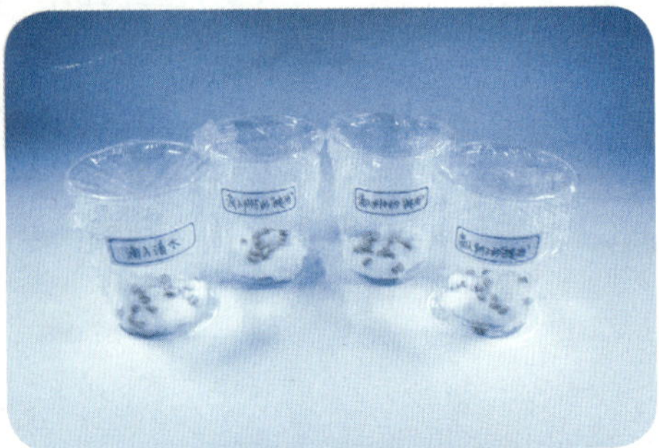

（5）将杯子放在窗台处，一周内每天观察结果（下图是第 1~3 天绿豆种子的萌发及生长情况）。

小贴士

酸雨的成因是一种复杂的大气化学和大气物理的现象。酸雨中含有多种无机酸和有机酸，绝大部分是硫酸和硝酸，还有少量灰尘。本实验中用白醋配成的不同浓度的液体来模拟酸雨；将绿豆种子先浸泡 12~24 小时，目的是让种子充分吸水，种皮软化，有助于萌发。一周以后，可以观察到不同酸度环境下绿豆种子的萌发及生长情况，初步了解酸雨对生物生命活动的影响。

智慧花

为什么要设置在一次性杯子中加清水的实验？

智慧花答案

设置加清水实验，目的是为了对照，以便比较在正常环境下和“酸雨”环境下种子的萌发情况。

酸雨可造成江河湖泊等水体的酸化，致使生态系统的结构与功能发生紊乱。水体的 pH 降到 5.0 以下时生物的繁殖和发育会受到严重影响。酸雨可使土壤的物理化学性质发生变化，加速土壤矿物的风化、释放，使植物营养素特别是钾、钠、钙、镁等产生淋失。混凝土桥梁、大坝和道路，以及高压线钢架、电视塔等土木建筑基础设施都是直接暴露在大气中的，遭受酸雨腐蚀后会导致金属锈蚀，水泥、混凝土剥落疏松等。酸雨对人类健康会产生直接或间接影响。酸雨中含有多种致癌因素，能破坏人体皮肤、黏膜和肺部组织，诱发哮喘等多种呼吸道疾病。土壤和饮用水被酸雨污染后，一些有毒物质会在鱼类机体中沉积，人类因食用这些鱼而受到伤害。酸化的地下水能腐蚀自来水管。曾经在瑞典南部马克郡的西里那村发生了一件离奇的事。当地有一户人家三个孩子的头发都从金黄色变成了绿色。究其原因，是他们把井中的汲水管由锌管换成了铜管，而 $pH < 5.6$ 的水对铜有较强的腐蚀性，产生铜绿。所以这户人家的浴室和洗漱台都被染成铜绿色。经常用这种水洗浴的人，头发也就染成了绿色了。① 因此，有效地预防和治理酸雨将关乎地球生态系统的健康、良性发展。

① 牛建刚，牛荻涛．酸雨的危害及其防治综述［J］．灾害学，2008，23（4）:112–113.

YES OR NO

参考答案

（1）pH < 7.0 的降水都可以称为酸雨。

（2）叶子受酸雨侵蚀后导致叶绿素含量降低。由于光合作用受阻，叶子表现为萎缩和畸形，致使植物不能正常生长。

（3）埃及金字塔前的狮身人面像，它脸上的坑坑洼洼、大斑连着小斑是由于常年遭受风蚀引起的。

(1) 错 误。PH < 5.6 的降水称为酸雨。
(2) 正确。
(3) 错 误。主要是由于酸雨引起的。

为自己点“赞”

在实验中，你每完成一项下面的内容就能得到一个👍。请将对应的👍涂成实心，看看自己能得几个👍。

快乐参与实验

自己寻找材料

顺利完成实验

发现新的问题

与小伙伴分享实验

设计新的实验方法

13 水的净化

生活小问题

现在家庭中使用净水器比较多，净水器中到底有些什么？如果拆开净水器，可以发现滤芯中有许多颗粒状的物质。仔细一看，这些物质大多数是黑黑的活性炭。原来净水器神奇的净化作用和这些活性炭密切相关。那么它们是如何净化水的呢？不妨做个简单的实验模拟水的净化。至于材料嘛，就用生活中常见的活性炭、滤纸，再加些辅助材料就行。

生活中的材料

活性炭、泥土、蓝黑墨水、清水、一次性杯子、塑料瓶、滴管、漏斗、小木块、滤纸、一次性茶匙、吸管、一次性餐盘。

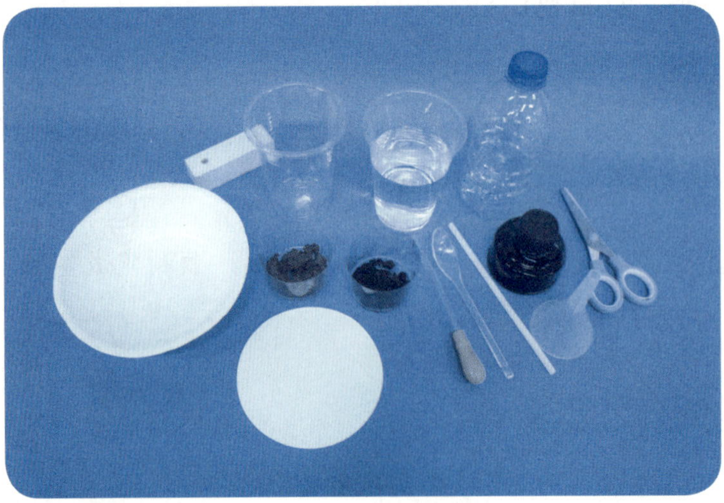

方法与步骤

（1）在一次性杯子中加入半杯清水。

（2）在清水中滴入一滴蓝黑墨水，用吸管搅拌溶液。

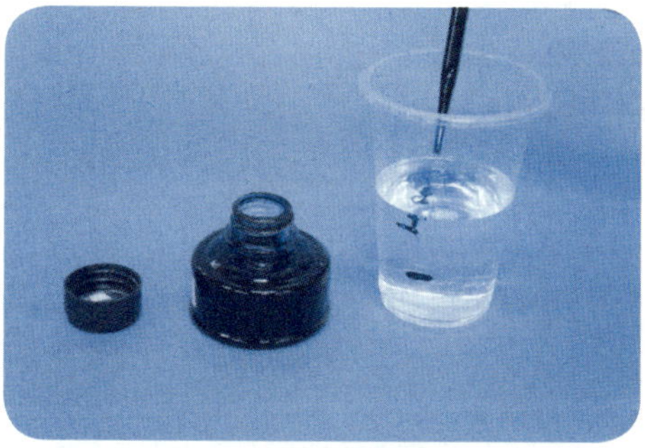

（3）在一次性餐盘中加入8~10粒赤豆种子大小的炭块，用小木块将它们碾压成粉末状。

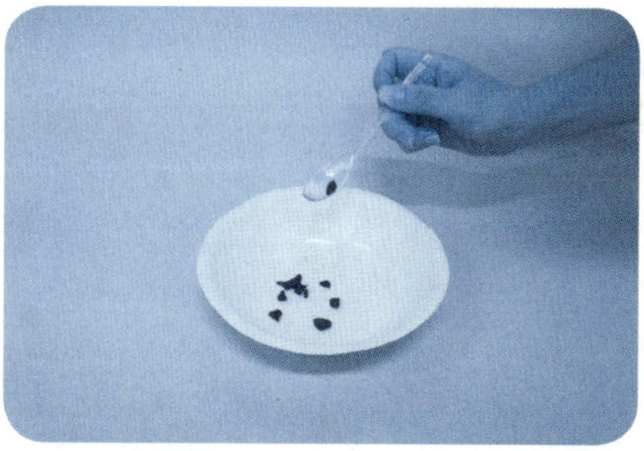

（4）将炭粉倒入墨水溶液中，再倒入一茶匙泥土，用吸管充分搅拌1分钟左右，制成“污水”。

（5）按之前实验中介绍过的方法将滤纸折成圆锥状，再将圆锥状滤纸嵌入漏斗中间，滤纸圆周面略低于漏斗圆周面。

（6）将漏斗滤嘴插入塑料瓶瓶口中，这样漏斗架在了瓶子上。

（7）往漏斗中小心地倒入“污水”，观察过滤后的水与“污水”的颜色及透明度对比情况。

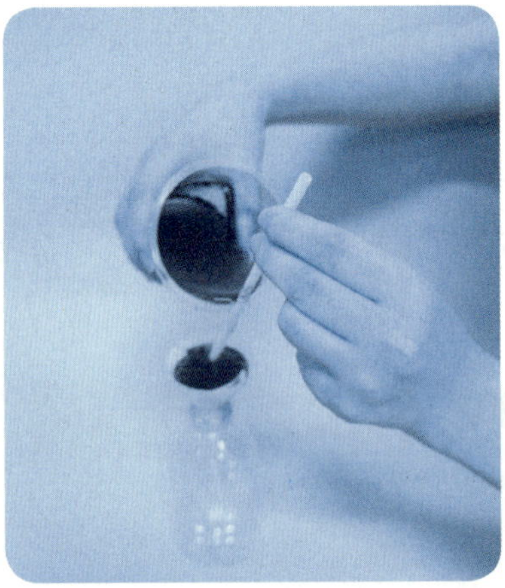

小贴士

本实验中，炭粉是滤芯中的主要成分，炭的表面有无数小孔，当色素粒子遇到炭时，会直接附着在其外表面和细孔内部，这样炭就像海绵吸水一样将色素粒子吸入或黏附，起到净化水的作用。另外，实验中滤纸模拟的是滤芯陶瓷外壳，它可以将水中的泥沙及炭粉颗粒过滤掉。所以你会看到清清之水从漏斗滤嘴中流出来。

智慧花

为什么要将炭块研磨成粉末？

智慧花答案

炭块研磨成粉末后，可以充分和“污水”混合，增加接触面积，净化的效果会更好。

你知道吗

19 世纪初，莱茵河发生非常严重的水污染事件（世界三大水污染事件之一）。1826 年，莱茵河水污染波及德国波恩的一个小山村，水已影响到当地人们的正常生活，年仅 13 岁的保罗·埃里克（Paul Eric）为了喝上干净的水，他决定用超人的智慧做一个净水器。在经历数百次的失败之后，最终他成功发明了世界上第一台净水器，该净水器是用 20 层厚装满石英砂和活性炭的细纱布袋构成，活性炭在石英砂的中间。把这袋净水材料放在木桶的最上方，把污染的水倒在纱布上面，让水慢慢经过多层的渗透后流进木桶里，最终过滤之后的水清辙甘甜。经过保罗·埃里克多次改良，净水器的过滤效果越来越好。

YES OR NO

（1）活性炭具有脱色、除臭等作用。

（2）活性炭是自然界最好的过滤吸附材质，一般净水器中都要用到活性炭。

（3）在净水器的滤芯中还可能含有亚硫酸钙、麦饭石、电气石等物质，它们和活性炭组合在一起，共同起到活化净化水质的作用。

参考答案

（1）正确。

（2）正确。

（3）正确。

为自己点“赞”

在实验中，你每完成一项下面的内容就能得到一个👍。请将对应的👍涂成实心，看看自己能得几个👍。

快乐参与实验

自己寻找材料

顺利完成实验

发现新的问题

与小伙伴分享实验

设计新的实验方法

14 指甲油有危害吗

生活小问题

许多人都喜欢涂指甲油，因为指甲被涂上鲜艳的色彩、绘上精美的图案，让人感觉特别时尚和美丽。但你有没有感觉到，当打开指甲油瓶时，会散发出一股令人眩晕的气味。这种会散发出难闻气味的指甲油会不会对指甲产生危害？会不会对人体健康产生影响呢？我们不可能直接用人体做实验，所以想到了最常见的实验对象——植物种子，看看指甲油会不会对植物种子的萌发产生影响？如果有不利的影响，说明指甲油的危害的确存在。

生活中的材料

带盖玻璃瓶两个、棉花少许、细棉线、透明胶带、芝麻种子、普通指甲油、剪刀、清水、一次性餐盘。

方法与步骤

（1）将玻璃瓶洗净、吹干待用。

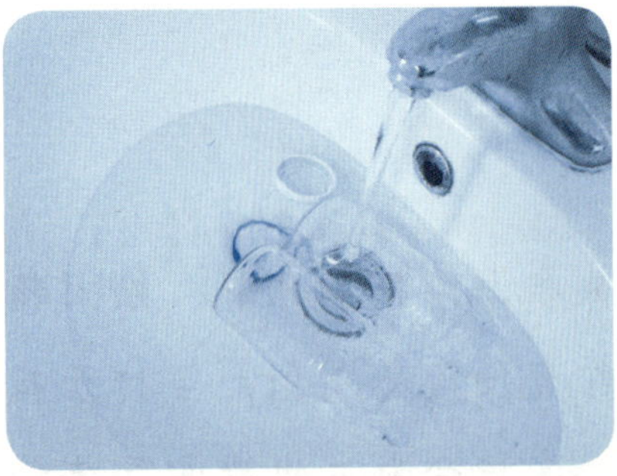

（2）将棉花捏成 4 个大小一致的棉球，棉球大小以刚好能塞入玻璃瓶为准。

（3）取出两个棉球，用水将它们浸湿，以棉花刚好湿透为准。

（4）在一次性餐盘上平铺一层芝麻种子，将两个湿棉球在餐盘上翻滚，以便吸附住芝麻种子。

（5）将细棉线一端扎紧一个棉球，再将棉球悬挂在玻璃瓶中间，棉线另一端用透明胶带固定在瓶口部。另一个棉球用同样方法处理后，悬挂在另一个瓶中。

（6）取出第三个棉球，在棉球上涂上少许指甲油后，迅速将其放到瓶中，盖紧瓶盖。

（7）取出第四个棉球，在棉球上滴入少许清水后，将其放到另一个瓶中，盖紧瓶盖。

（8）将两个瓶子做好标记（一个棉球上有指甲油、一个棉球上没有指甲油）后，放在窗台处，每天观察瓶中芝麻种子的萌发情况。

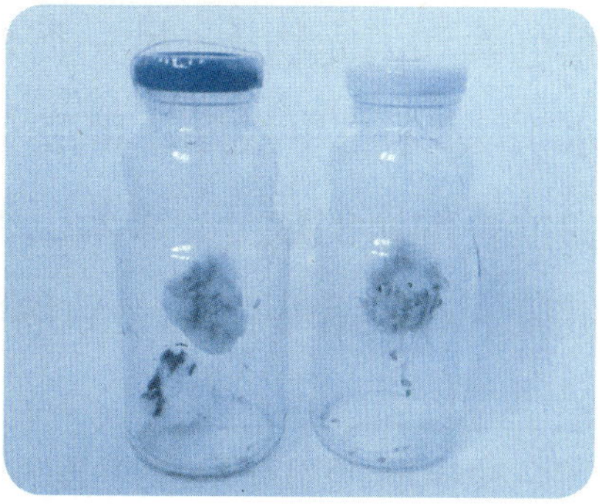

小贴士

本实验建议使用个体比较小的种子，如芹菜种子、芝麻种子、小白菜种子等。因为个体越小的种子，受到危害程度会越大，实验效果也就越明显。在观察种子萌发情况前，可以和孩子一起设计一个观察记录表，记录项目可以涉及种子的萌发时间、幼苗的颜色、根的形态，等等。

智慧花

用密封的玻璃瓶进行实验，是基于什么考虑？

智慧花答案

在密闭的容器中进行实验，可确保指甲油挥发的气味保留在瓶中，还可以保持瓶中的温度环境。

你知道吗

指甲油是一种有机化合物，由两类成分组成：一类是固体成分，主要是色素和闪光物质；另一类是液体成分，主要是丙酮、乙酸乙酯（香蕉水）、邻苯二甲酸酯、甲醛和苯等。[1] 从指甲油的成分分析，的确有不少危害健康的成分：邻苯二甲酸酯会妨碍正常激素平衡，严重损害生殖健康；苯类和甲醛均是致癌物质；人造色素也带有一定毒性；另外，

① 史桂芳. 警惕指甲油的危害［J］. 求医问药·女人健康，2010（3）：38.

丙酮、乙酸乙酯属于危险化学品，挥发时可产生令人眩晕的刺激性气味，污染室内空气，长期吸入对神经系统有危害。临床上也发现，反复使用指甲油后，会使指甲变色、变脆和变弱，出现“毁甲”现象，尤其是使用劣质指甲油对人体的毒害更大。由于指甲油原料属于脂溶性化合物，容易溶解在油脂中。所以涂了指甲油后用手拿食品，尤其是拿油条、蛋糕等油性食品吃时，就会“毒从口入”。所以对于儿童，尤其要避免使用指甲油。①

YES OR NO

（1）一般指甲油对人体的危害是日积月累、长期形成的，对于儿童尤其要杜绝使用指甲油。

（2）连续涂抹指甲油，会阻碍指甲的“正常呼吸”，破坏指甲的角质细胞。

（3）指甲油中的色素和闪光物质挥发时可产生刺激性气味，长期吸入对神经系统有危害。

参考答案

(1) 正确。

(2) 正确。

(3) 错误。指甲油中的丙酮、乙酸乙酯挥发时可产生刺激性气味，长期吸入对神经系统有危害。

① 姚毅华．孩子适合涂指甲油吗［J］．少年科学，2008（2）．

为自己点“赞”

在实验中，你每完成一项下面的内容就能得到一个👍。请将对应的👍涂成实心，看看自己能得几个👍。

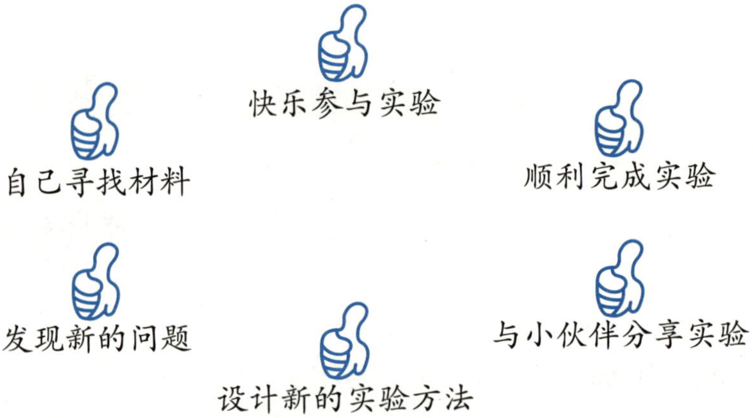

15 瓶中的生态平衡

生活小问题

《狼图腾》电影中有这样一个场景：人们赶到大雪湖去寻找狼贮备的食物时，发现了一只活的小黄羊，比利格阿爸却要求把那只黄羊放了。看到这里，或许你会问道：人们那么缺食物，为什么还要把那只黄羊放了呢？其实这里面就蕴含着生态学的道理：如果狼的食物都被人们取走了，狼就会攻击更多的羊；如果还有黄羊的话，那么羊被狼攻击的强度也会减弱。这就是一种平衡，即在草原环境中，草、食草的动物（黄羊、旱獭、野兔、草原鼠）、人类饲养的羊、食肉的动物之间，以及生物和环境之间达到一个相对稳定的动态平衡状态，我们可以把它称为生态平衡。这种平衡，我们可以通过制作一个小小的生态瓶来探究一下。

生活中的材料

带盖玻璃瓶（容量为300~500毫升）、砂子、水草、水生动物（如小鱼、螺蛳等）、凡士林、捞鱼网、一次性杯子、镊子。

方法与步骤

（1）准备一个大的带盖玻璃瓶，洗净后用开水烫下瓶子和瓶盖，待用。

（2）在瓶中放入 1~2 厘米厚的砂子（或淤泥），再加水至瓶子容积的 4/5。

（3）待瓶内水澄清后，放入水草（2~3 棵）和水生动物（两条小鱼、两只螺蛳）。

（4）在瓶口周围抹上凡士林，再用瓶盖盖紧瓶子，这样小小的生态瓶就制作完成了。

（5）将制作好的小小生态瓶，放于阳面窗台固定位置上。每天观察生态瓶中生物生存的情况。

小贴士

生态系统指由生物与环境构成的统一整体，它包含有生产者（绿色植物）、消费者（动物）、分解者（微生物）、非生物的物质和能量。本实验中的生态瓶，如果5天后，瓶中的各生物生长情况正常，说明生态瓶中的微型生态系统基本达到了稳定状态。判断生态瓶中各生物生活情况的依据：水草绿色、伸展为生活状态，发黄、变黑、柔软下沉为死亡；螺蛳外壳灰绿、能运动为生活状态，外壳变白、浮起为死亡；小鱼以体色是否正常、是否活动来判断。

本实验中，生态瓶的水相当关键，最好用未受污染的池水、河水。如果无法获取自然水域水，可以用静置24小时以上的自来水代替。

智慧花

瓶子中的水草、小鱼、螺蛳分别代表了什么？

智慧花答案

水草是绿色植物，起到生产者的作用；小鱼代表消费者；螺蛳起到分解者的作用。

你知道吗

20 世纪 80 年代，美国在亚利桑那州建立了一座微型人工生态循环系统，称为“生物圈 2 号”。在这个微型世界中，有海洋、平原、沼泽、雨林、沙漠区和人类居住区。“生物圈 2 号”虽然与外界隔绝，但可以通过电信和计算机与外部取得联系。1991 年 9 月，8 名科学家进入“生物圈 2 号”。他们原计划在里面生活两年，为今后人类登陆其他星球建立居住基地进行探索。然而，一年多以后，“生物圈 2 号”的生态状况急转直下：氧气含量下降，后来不得不从外界补充氧气；海水变酸，大部分脊椎动物死亡，所有传粉昆虫死亡，造成靠花粉传播繁殖的植物也全部死亡；窒息和饥饿困扰着科学家们。①②“生物圈 2 号”的实验以失败告诫我们：到目前为止，人类还无法模拟出一个类似地球的、可供人类生存的生态系统；在茫茫宇宙中，人类只有地球这一处家园，我们要珍惜它、爱护它。

YES OR NO

（1）自然因素是造成生态平衡失调的主要原因。

（2）在生态系统中，盲目增加一个物种，有可能使生态平衡遭到破坏。

（3）森林应有合理的采伐量，采伐量超过生长量，必然引起森林的衰退。

---

① 生物圈 2 号的教训［J］. 大自然探索，2009（10）：20–21.

② 任天文 . 来自生物圈 2 号的太空梦想［J］. 科学大观园，2014（20）：36.

参考答案

（1）错误。人为因素是造成生态平衡失调的主要原因。

（2）正确。

（3）正确。

为自己点“赞”

在实验中，你每完成一项下面的内容就能得到一个 。请将对应的 涂成实心，看看自己能得几个 。

快乐参与实验

自己寻找材料

顺利完成实验

发现新的问题

与小伙伴分享实验

设计新的实验方法

16 叶片也能被拓印吗

生活小问题

把白纸放在硬币上方，用铅笔笔尖在覆盖硬币的位置上反复涂写，会看到硬币的图形慢慢地显露出来。你知道吗？这种“作图”的方法其实就是一种“拓印”。也可以将一片背面涂上颜料的叶子放在白纸上，再在叶子上盖上另一张白纸，用手指隔着白纸轻压叶片。揭开叶片，你会发现叶脉清晰地留在白纸上了。这也是拓印。运用拓印的方法是不是比你照着硬币或叶子样子而画出它的图形更加容易？

生活中的材料

不同形状的叶子、石膏粉、一次性透明塑料杯、一次性浅碟、镊子、餐巾纸、小木棒、剪刀、药匙、记号笔。

方法与步骤

（1）选择几片不同形状的叶片，洗净晾干。准备石膏粉待用。

（2）在一个透明塑料杯中倒入约 2 厘米高的清水。

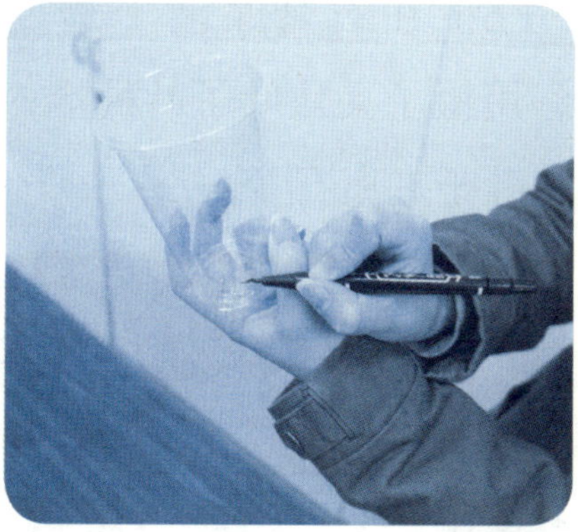

（3）用药匙往杯子中加入 10~12 匙石膏粉，边加入边搅拌。加入的石膏量以石膏浆液达到黏稠为限。

（4）将搅拌好的石膏浆液倒入一次性浅碟中，倒入的石膏浆液面积稍大于叶片面积即可。

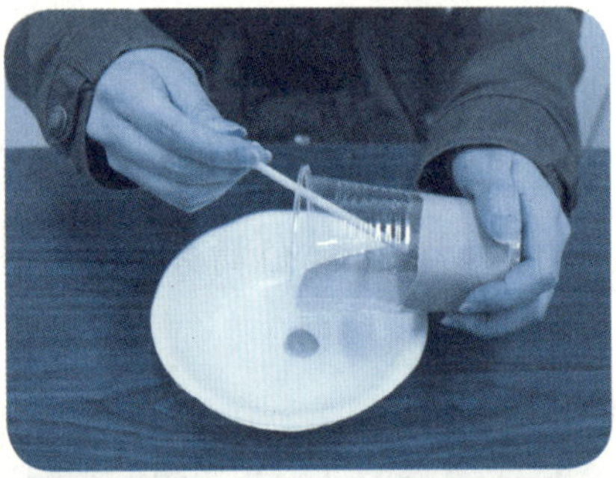

（5）将叶子背面朝下放在石膏浆液上方，用镊子柄端轻轻压实叶片与石膏浆液接触面。

（6）在石膏浆液干透变硬前，用镊子夹住叶子叶柄端，轻轻将叶子夹离石膏。

（7）观察石膏上留下的痕迹。

小贴士

本实验用石膏黏稠液模拟纸张拓印，待石膏变硬后，留在石膏中的痕迹基本上就是一片叶子的较为完整的叶脉分布图了，并且能被长久保存研究。这种石膏拓印法，其实和用一枚图章蘸了染料后在纸上印出文字或图案的方法同出一辙。

智慧花

为什么要将叶子背面朝下放在石膏浆液上方？

智慧花答案

因为叶片背部的叶脉较叶片正面略微凸出。当叶子背部贴附在石膏浆液表面时，凸出的叶脉也就嵌入到石膏中了。

你知道吗

拓印又称为拓石、碑帖，指把石碑或器物上的文字或图画印在纸上；也可用纸紧覆在物体（如植物的叶等）表面，把物体的纹理结构打拓在纸上。操作方法：把一张坚韧的薄纸事先浸湿，再敷在石碑上面，用刷子轻轻敲打，使纸入字口，待纸张干燥后用刷子蘸墨，轻轻地、均匀地拍刷，使墨均匀地涂布纸上，然后把纸揭下来，一张黑底白字的拓片就复制完成了。它是将石刻或木刻文字，用纸和墨拓印出来，以便保存和传播的方法。拓印术在中国有着悠久的历史，在南北朝时文献中就有记载，唐朝时日益成熟。我国迄今发现存世最早的拓本，是1900年在敦煌发现的唐太宗的《温泉铭》拓本。[①]

① 万国华，等．走近彩拓版画［J］．美术大观，2006（11）：16–17.

YES OR NO

（1）石膏拓印出来的叶脉分布图和原叶背面显示的叶脉是左右相反的。

（2）一般叶子的背面叶脉较为凸出，利用这一面进行拓印效果更好。

（3）拓印术产生于纸张发明之前。

参考答案

(1) 正确。
(2) 正确。
(3) 错误。拓印术一开始就需要用到纸，因此它的起源肯定是在纸张发明之后。

为自己点“赞”

在实验中，你每完成一项下面的内容就能得到一个👍。请将对应的👍涂成实心，看看自己能得几个👍。

- 快乐参与实验
- 自己寻找材料
- 顺利完成实验
- 发现新的问题
- 与小伙伴分享实验
- 设计新的实验方法

17 生命的遗迹——化石

生活小问题

听说过化石吗？它们存在的时间可比我们人类存在的时间长得多。那么这些特殊的石头是怎么形成的呢？在漫长的地质年代里，曾经有无数的生物在地球上生活过，这些生物死亡后的遗体中的有机物质分解殆尽，坚硬的部分如外壳、骨骼、枝条等与包围在周围的沉积物一起经过石化变成了石头，但是它们原来的形态、结构，甚至一些细微的内部构造依然保留着；同样，那些生物生活时留下的痕迹也通过这种方式被保留下来。科学家把这些石化的生物遗体、遗迹就称为化石，如恐龙化石、文昌鱼化石、三叶虫化石等。那我们是不是也可以用一种简单方法，模拟一下这种自然界的造化，体验制作模拟化石的乐趣？

生活中的材料

石膏粉、一次性纸杯、一次性餐盘、一次性汤勺、小木棒、一个贝壳、凡士林、橡皮泥、水。

方法与步骤

（1）将一块比贝壳体积大的橡皮泥放在一次性餐盘上。

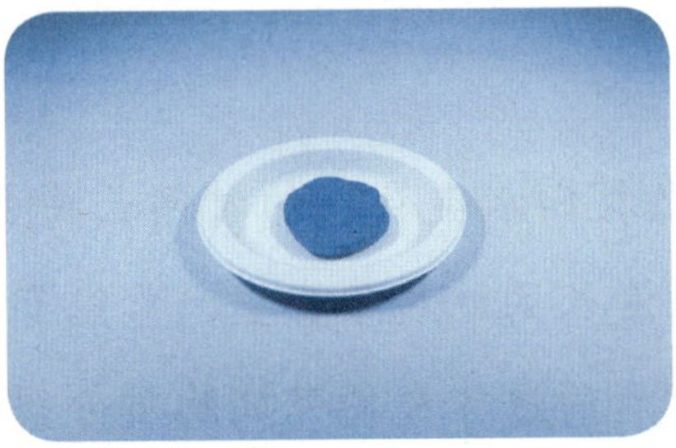

（2）在贝壳的外壳涂上凡士林，再将贝壳的外壳压入橡皮泥。

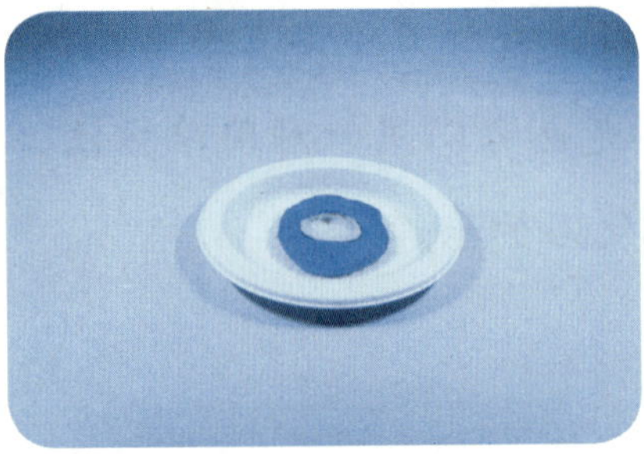

（3）轻轻地将贝壳从橡皮泥中取出。

（4）将石膏粉逐步加入水中，边加入边用小木棒搅拌均匀，直至石膏浆液呈黏稠状。

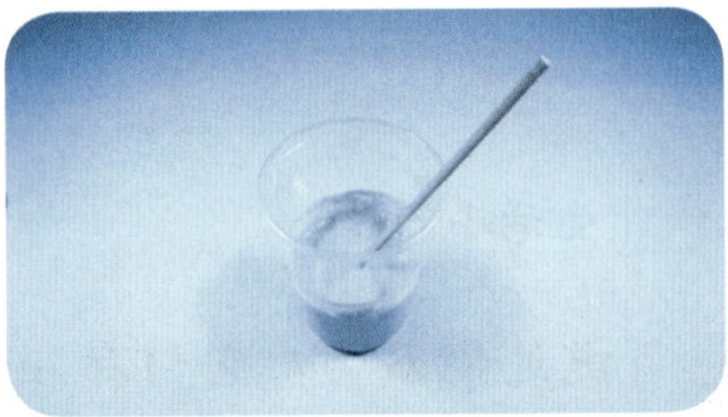

（5）将石膏液体倒入印有贝壳形状的橡皮泥中，倒入的石膏液体厚度大约 2 厘米。

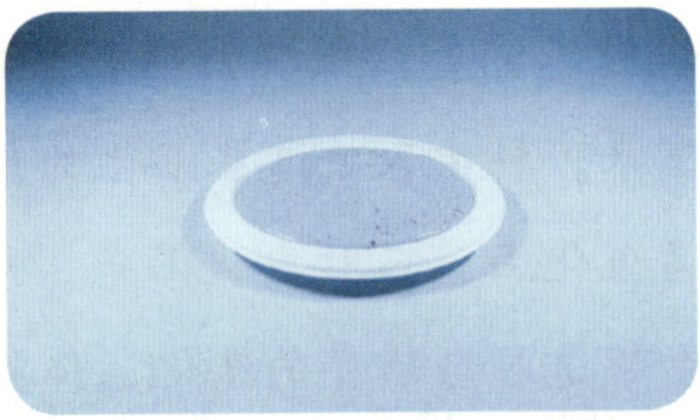

（6）待石膏变硬后将橡皮泥从石膏上取出，观察石膏的分离面。

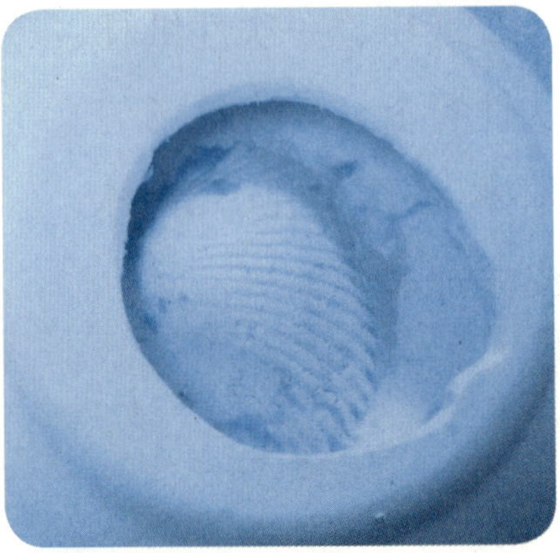

小贴士

化石的形成及保留的信息，归因于特定的温度、压力、岩石构造、地壳运动等情况，所以它的形成是一个极其复杂的过程。本实验只是让大家初步了解生命有机体沉淀在岩石中的基本原理。实验中印有贝壳痕迹的橡皮泥模拟的是印模化石，石膏贝壳模拟的是铸型化石。印模化石和铸型化石都属于模铸化石，它区别于实体化石（生物体本身所形成的化石），是生物遗体在底质、围岩、填充物中留下的各种印模和铸型。①

智慧花

用凡士林抹在贝壳表面的作用是什么？

智慧花答案

凡士林有润滑作用，可以避免贝壳与橡皮泥粘连在一起。

一些生物在数千万年乃至上亿年时间内几乎没有发生变化，于是相应地就形成了一些延续了千万年以上的古老生物，同时代的其他生物早已绝灭，只有它们独自保留下来，这些现存生物的形状和在化石

① 王少彬，王敏，等. 化石的形成、发掘及标本制作——以鸟类化石为例［J］. 生物学通报，2011，46（3）：8.

中发现的生物基本相同，保留了其远古祖先的原始形状，被称为“活化石”。如现在家喻户晓的活化石——银杏树（公孙树），它的祖先在中生代（距今约 6500 万年至 2.5 亿年）特别发达，分布极广，几乎遍及全球。但是到了白垩纪（距今约 6500 万年至 1.4 亿年）末时数量则大幅减少。[①] 后来，绝大部分银杏像恐龙一样灭绝了。现在我们看到的银杏大多数是经过人工培育来的，只有少数地区，如浙江省西天目山自然保护区还保留有野生银杏。此外，我国的水杉、珙桐、中华鲟、大熊猫、扬子鳄等，均被世界公认为珍贵的活化石。

YES OR NO

（1）叶脉化石属于实体化石。

（2）孑遗生物一定是活化石，活化石不一定是孑遗生物。

（3）20 世纪 20 年代，在周口店挖掘发现的猿人头盖骨化石，是距今 200 万年的北京猿人的化石。

参考答案

(1) 错误。叶脉化石属于模铸化石。

(2) 正确。

(3) 错误。北京猿人头盖骨化石是距今60万年的北京猿人的化石。

① 周爽楠，魏朝明．标本、化石、活化石及孑遗生物概念的辨析［J］．生物学教学，2012，37（11）：64.

为自己点“赞”

在实验中，你每完成一项下面的内容就能得到一个👍。请将对应的👍涂成实心，看看自己能得几个👍。

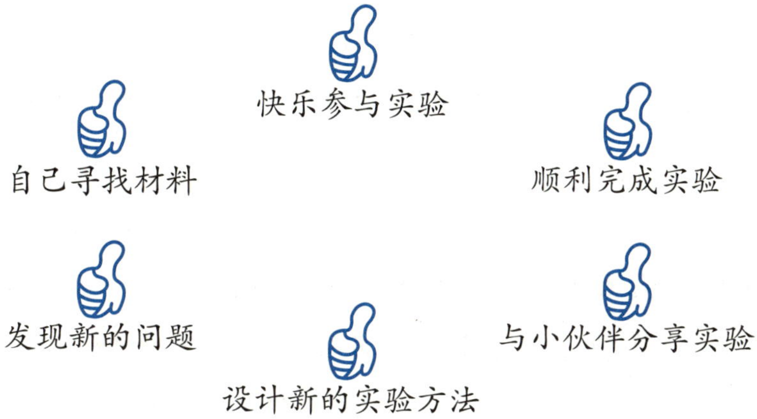

18 风化的力量大

生活小问题

如果你去过台湾野柳地质公园的话，你一定会为那里奇形怪状的石头惊讶！你看看，那些石头多像一个个烛台、一块块姜块，甚至像一朵朵正在成长的蘑菇。或许你会问：难道这些都是运用现代机械技术，在坚硬的石头上硬生生地雕琢而成的吗？其实，这一切都非人力所为，而是大自然神奇的力量——风化作用，鬼斧神工般地造就的。接下来，就让我们眼见为实，来个模拟风化的实验吧。

生活中的材料

石膏粉、清水、一次性杯子、一次性筷子、一次性小汤匙、气球、细线、尺。

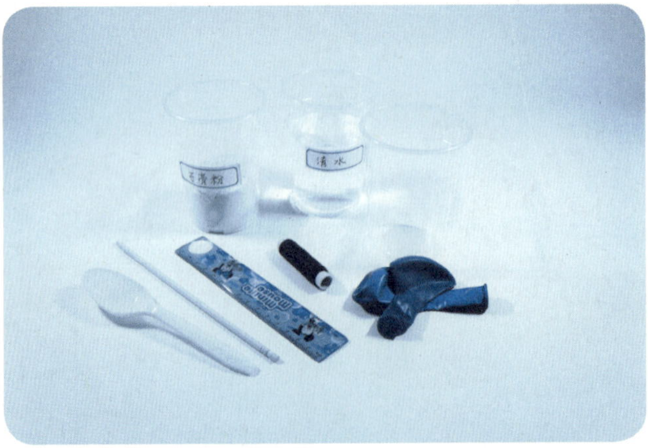

方法与步骤

（1）往一个小气球中注入水，用线扎紧开口，使得充满水的气球形成一个直径为 2 厘米的小球。

（2）往一次性纸杯中倒入 2~3 厘米高的水，边搅拌边加入石膏粉，直至石膏浆液呈黏稠状。

（3）将气球插入石膏浆液中，气球被石膏浆液完全包裹。

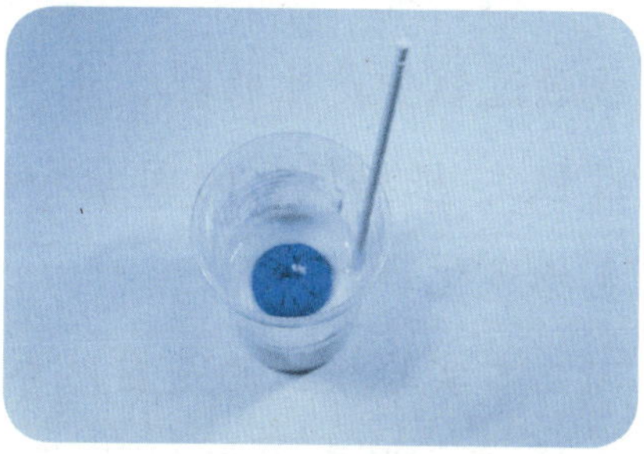

（4）待石膏块变硬后，将石膏块连同杯子一起放入冰箱的冷冻室中。

（5）2 小时后取出石膏，观察其表面。

小贴士

风化是指地表或接近地表的坚硬岩石、矿物与大气、水及生物接触过程中产生物理、化学变化而在原地形成相对松散堆积物的全过程 。根据风化的因素和性质可将其分为物理风化、化学风化和生物风化。

本实验模拟的是自然界物理风化，即冰冻对岩石的破坏力。凝固的石膏代表岩石，气球中的水代表自然界渗入岩石的水。水冰冻时体积增大，好像一把把楔子插入岩石体内，直到把岩石劈开、崩碎。

智慧花

为什么石膏粉加入水中时，要边搅拌边加入？

智慧花答案

这样有利于石膏粉与水充分混合在一起。

你知道吗

土壤的形成与岩石的风化分解有关，这种分解依赖的外力主要是物理、化学、生物的分解，而霜冻造成的裂解在物理分解方面是主要的。裸露在地表的岩石，在风化作用下形成疏松的风化物，即成土母质。母质没有肥力，但具有一定的通气、蓄水性能，并能分解而释放少量矿物成分。生物生命活动的参与，标志着成土过程的开始。一些微生物和低等植物在母质上着生，加速岩石风化，同时改变母质性能，肥力不断发展，逐渐形成土层浅薄的原始土壤。原始土壤的形成为高等植物的生长提供了可能，而草本、木本等高等植物的着生，加快了成土过程，土壤发育不断深化，促使成熟土壤逐步形成。

YES OR NO

（1）野柳公园里那尊优雅的“女王头”是一位工匠雕刻出来的。

（2）我国沿海的建筑物，面海的墙壁一般都比背海的墙壁风化得更厉害。

（3）土壤由岩石风化而成的矿物质、生物残体腐解产生的有机质、土壤生物、水分、空气等组成。

参考答案

(1) 错误。“女王头”是自然风化形成的。

(2) 正确。

(3) 正确。

为自己点“赞”

在实验中，你每完成一项下面的内容就能得到一个 。请将对应的 涂成实心，看看自己能得几个 。

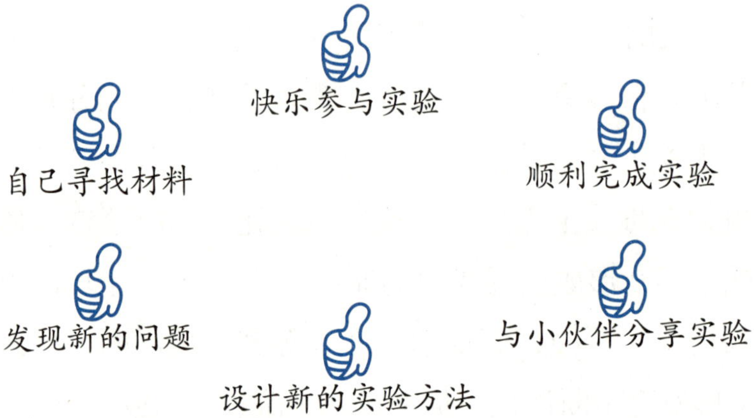

19 模拟火山喷发

生活小问题

我们经常可以从电视新闻中看到火山爆发的场景，炙热的岩浆洪流呼啸着从火山口涌出，那场面着实令人震撼而感到恐惧。伴随着火山爆发而喷出的火山灰高达几千米甚至几十千米，给环境带来严重的危害。火山喷发的现象在我们这个星球上从未停止过，是什么原因促使它一次次的发作呢？原来这与地球的板块构造有关。由于板块运动，地球的某些部分移动时相互摩擦产生热量，使得地球内部物质扩张。如果温度进一步上升，液态岩浆就会变成气态物质冲出地表，表现为火山爆发地壳运动形式。接下来，我们可以通过一个小实验，模拟一下火山喷发时的场景。

生活中的材料

玻璃瓶（300毫升左右）、一次性汤匙、一次性杯子、小水盆、滴管、白醋、小苏打、漏斗、小木棒、洗洁精、餐巾纸。

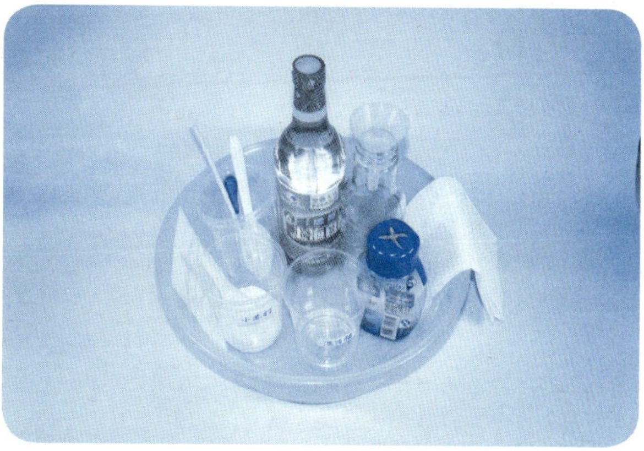

方法与步骤

（1）在一次性杯子中倒入大半杯白醋，待用。

（2）在盛有白醋的杯子中加入 2 勺番茄酱，搅拌均匀，待用。

（3）将漏斗架在玻璃瓶口上，通过漏斗往瓶中加入 2 汤匙小苏打粉。

（4）取走漏斗，再往瓶中加入 1 滴管洗洁精。

（5）将装有小苏打粉、洗洁精的玻璃瓶放入小水盆中。

（6）将染红的白醋倒入玻璃瓶中，观察瓶中变化。

小贴士

火山喷发是由地球深处的高温岩浆及气体、碎屑从地壳中喷出所形成的一种地质现象，是地球内部能量释放的主要途径之一。本实验仅仅是模拟火山喷发时的微型场景。小苏打（碳酸氢钠）与白醋反应时会产生二氧化碳和水。当二氧化碳累积到一定量时，会在瓶内产生巨大的压力，促使含有二氧化碳和液体的红色泡沫（模拟岩浆）从瓶口剧烈喷出。

智慧花

实验中加入洗洁精的目的是什么？

智慧花答案

加入洗洁精有助于产生更多的泡沫，使得模拟实验效果更好。

你知道吗

火山主要分布在地壳厚度薄、构造活动剧烈的地区。目前，全世界死火山有 2000 余座、活火山 850 座。环太平洋火山带是世界上最大的火山带，分布有 400 多座活火山。它们构成环绕太平洋边缘的火山链。这里分布着许多世界上活动最强、喷发最猛烈的火山，如菲律宾的皮纳图博火山、日本的富士山、印度尼西亚的科拉克托火山和坦博拉火山等。此外还有地中海火山带、大西洋海底隆起火山带、东非裂谷火山带。我国是一个多火山的国家，现有火山900余座。我国虽然还未发现大规模现代火山的喷发，但仍有活火山存在，如五大连池火山群中的老黑山和火烧山、长白山天池火山、腾冲火山、新疆于田阿什山火山、台湾的大屯火山等。这些火山都潜藏着再次喷发的可能。[①②]

YES OR NO

（1）火山活动是地幔岩浆活动的一种形式，也是地球内能和热能释放的一种形式。

（2）地球上的火山按活动情况可分为活火山、死火山和休眠火山。

（3）火山作用对人类和地球都是有害的。

参考答案

(1) 正确。

(2) 正确。

(3) 错误。火山作用并非一无是处，例如，火山作用的地热、温泉、肥沃的火山土壤等都给人类带了较多的益处，甚至海底的火山作用可以制造出新的陆地。

---

① 李铁锋，潘懋．火山喷发及其环境效应［J］．地质论评，1999，45（S8）：64.

② 陈洪州，陈海玲．我国的活火山［J］．地球，2002（1）：8.

为自己点“赞”

在实验中，你每完成一项下面的内容就能得到一个 。请将对应的涂成实心，看看自己能得几个。

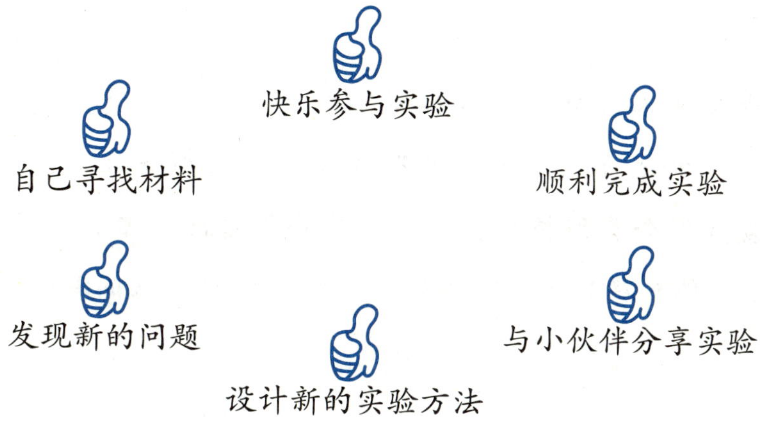

20 鸡蛋怎么浮起来了

生活小问题

鸡蛋放在清水里中会怎么样呢？做一下实验，就知道它会下沉。这是因为鸡蛋的密度比水大。那有什么办法让鸡蛋在水里浮起来呢？聪明的朋友肯定会想到往水里加盐，鸡蛋就会浮上来。那还有其他办法让鸡蛋在液体中浮起来吗？比如把它放在醋中，试试看！

生活中的材料

鸡蛋、食醋、玻璃杯、保鲜膜、橡皮筋。

方法与步骤

（1）将1只鸡蛋洗净待用。

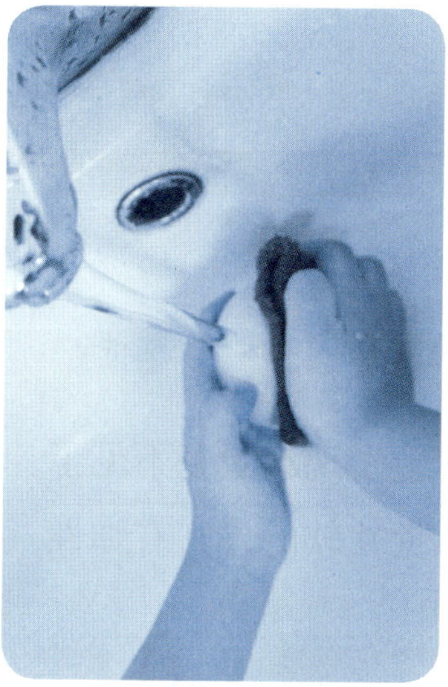

（2）往玻璃杯中倒入半杯食醋。

（3）将鸡蛋放在玻璃杯中。

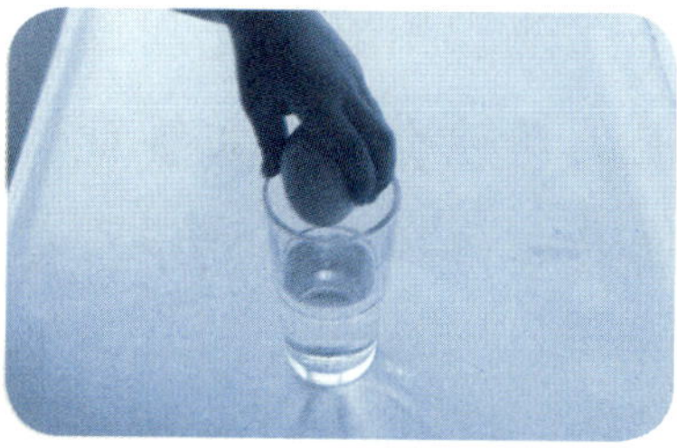

（4）观察杯子中鸡蛋的变化：你会发现鸡蛋很快会浮上来。

蛋壳周围冒出气泡

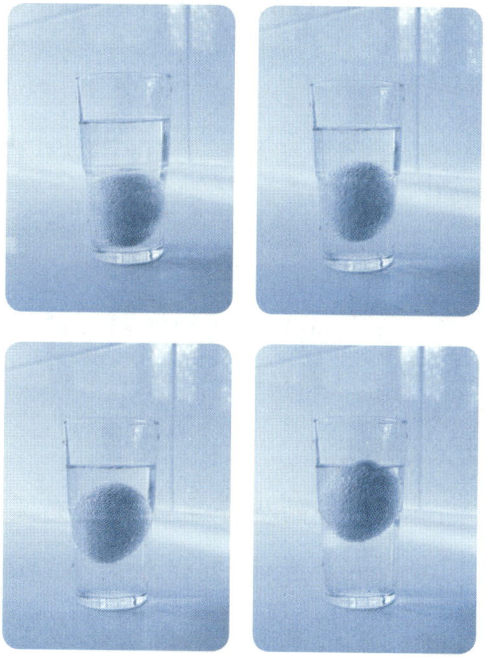

鸡蛋上浮过程

（5）将装有食醋的杯子，用保鲜膜封口，放置在阴暗处。

（6）3 ~ 4 天后观察鸡蛋变化情况：你会发现鸡蛋壳不见了，并且可以看到白色的卵壳膜；用手指触碰鸡蛋感觉软软的且富有弹性。

小贴士

鸡蛋的蛋壳主要成分是无机物（以碳酸钙为主），所以蛋壳有一定的硬度，起到保护鸡蛋内部结构的作用。当鸡蛋浸泡在醋中时，蛋壳中的无机盐会和醋反应，生成许多小气泡黏附在蛋壳周围，这使得鸡蛋所受浮力大于其重力而浮到水面。所以会看到鸡蛋就像气垫船一样，冒着气泡浮上来。如果继续将鸡蛋浸泡在食醋中，蛋壳最终将会分解而消失。

智慧花

为什么沉在醋中的鸡蛋浮到液面上，不久又会下沉呢？

智慧花答案

当鸡蛋浮到水面后，黏附在鸡蛋上的气泡发生破裂，鸡蛋所受浮力就会小于其重力，鸡蛋就会再次下沉。

本实验涉及浮力的概念。那你知道历史上是谁最早将浮力原理运用到极致吗？公元前 245 年，叙拉古赫农王指派金匠为他做一顶王冠，并给了他一块纯金块。当金匠将做好的王冠交给国王时，国王开始猜疑它是不是纯金，会不会混有银。于是国王把鉴别王冠纯金度的任务交给了阿基米德。阿基米德苦思冥想而不得要领。在一次偶然的沐浴过程中，当他坐进装满水的澡盆时，看到水从澡盆中溢出，办法在他的脑海中突然闪现了。他联想到，相同质量的王冠和黄金浸没到水里，如果体积不同，排出的水量也就不同。阿基米德用这种方法测得王冠浸没在水中的排水量比相等质量的黄金的排水量多，显然王冠中混入了白银，骗子的行径被揭露了。[1] 这个鉴定结果的意义远远大过查出金匠欺骗国王的真相，阿基米德从中发现了浮力定律：物体在液体中所获得的浮力，等于他所排出液体的重量。一直到现代，人们还在利用这个原理计算物体密度和测定船舶载重量等。

---

① 巫亚珍．阿基米德和浮力定律的发现［J］．中学生数理化（八年级物理），2013（4）：35.

YES OR NO

（1）阿基米德最早发现了浮力定律，即阿基米德定律。

（2）潜水艇的上浮和下沉是改变自身的重力而实现的。

（3）汤圆刚放入水中时，汤圆受到的浮力小于重力，所以会下沉；而当汤圆煮熟时，它的体积增大，浮力也随之增大，所以会上浮。

参考答案

（1）正确。

（2）正确。

（3）正确。

为自己点“赞”

在实验中，你每完成一项下面的内容就能得到一个 。请将对应的 涂成实心，看看自己能得几个 。

快乐参与实验

自己寻找材料

顺利完成实验

发现新的问题

与小伙伴分享实验

设计新的实验方法

21 自己制作焦糖

生活小问题

可乐大家都很熟悉，当你喝着这种褐色的饮料时，有没有想过，这种褐色是怎么来的。难道它是画师用颜料调出来的吗？答案当然是否定的。这是一种天然的食用色素——焦糖存在于饮料中发挥的染色作用。不仅可乐中有焦糖，乙醇饮料中的啤酒、葡萄酒、威士忌，调料中的酱油、老醋、料酒、酱卤也有焦糖，甚至有些糖果、药品中也会含有焦糖。那焦糖是怎么制得的呢？制作过程是不是很复杂？接下来的实验，就可以让你简单尝试一下。

生活中的材料

白砂糖、小蜡烛、浅碟、一次性杯子、长柄金属汤匙、清水、打火机。

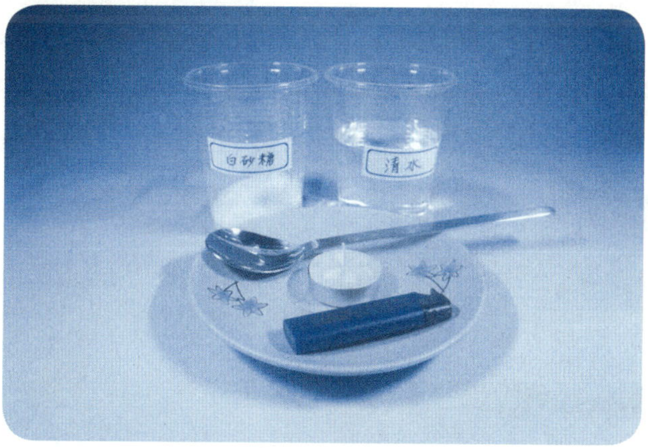

方法与步骤

（1）在一次性塑料杯中加入半杯清水，待用。

（2）将小蜡烛放在浅碟中，点燃。

（3）在金属汤匙中加入半勺白砂糖，握住汤匙柄，将装有白砂糖的一端放置在火焰上加热。

（4）待白砂糖变为棕褐色时，停止加热。当液体凝固，便形成了焦糖。

（5）将汤匙浸入清水中，搅拌汤匙，使汤匙上的焦糖溶解，观察液体颜色。

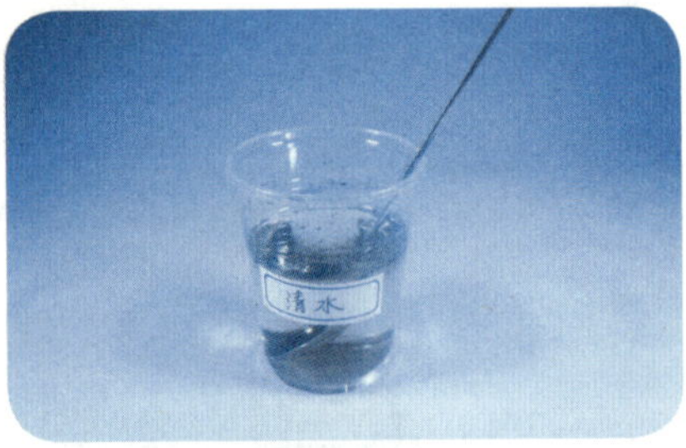

小贴士

白砂糖经过加热，会先融化成透明的液体，然后非常快地转变成淡黄色液体。如果继续加热，它将会变为棕褐色。糖变成棕褐色的过程称为焦糖化。棕褐色的物质称为焦糖，它可以溶解在水中。继续加热焦糖，最终会变成黑色的碳化物质，这也证明了糖中含有碳元素。本实验须在成人陪伴下进行，注意用火安全。

智慧花

白砂糖加热变成液体时，为什么会冒泡泡，还会有白色雾气？

智慧花答案

这是因为白砂糖加热脱水形成的气泡，白色雾气是水蒸气。

你知道吗

正如我们的小实验那样，焦糖的制造并非新鲜事，它是一种褐变反应。褐变反应是我们日常生活与食品加工及烹调中经常碰到的现象，可是至今为止，科学技术尚不能确切地解释焦糖反应的机理，焦糖的结构组成也尚未被认识。英国一位毕生从事焦糖研究的化学家Brache感叹地说：焦糖不仅具有复杂性，而且也无法预测，只有在最大限度内将原料、制备技术、时间、温度等加以控制，才能保证高质量产品的可重复性。可见，焦糖的生产技术是非常复杂的，在国外也被视为高科技产品，其生产工艺被严格保密。[①] 美国可口可乐之所以能风行全世界一个多世纪，国际市场占有率独占鳌头，与它拥有耐酸型焦糖色素加工技术是密不可分的。[②] 所以，对于焦糖的研究仍任重道远。相信科学家们一定会攻破这一未解之谜。

YES OR NO

（1）焦糖是一种有焦香味、能够溶于水的食品添加剂。

（2）焦糖色素可以用来增加焙烤食品外观的吸引力。

（3）叶绿素、胭脂红、柠檬黄、焦糖色素都是天然食用色素。

参考答案

（1）正确。

（2）正确。

（3）错误。叶绿素、焦糖色素是天然色素；胭脂红、柠檬黄是合成色素。[③]

---

① 李祥，吕嘉扬．焦糖色素生产的现状及其发展方向［J］．中国酿造，2003（1）：8.

② 赵吉兴，李宝玛．焦糖色素的分类、生产工艺以及发展前景［C］．中国食品添加剂发展应用工业协会着色剂专业委员会 2007 年会论文集，2007：37.

③ 食用色素按其来源和性质可分为天然色素和合成色素两大类。天然色素主要由天然原料（主要是植物原料）提取并精制而成。合成色素是用煤焦油分离出来的苯胺染料为原料制成的，故又称煤焦油色素或苯胺色素。合成色素对人体有一定毒害，故不能多用或尽量不用。

为自己点“赞”

在实验中，你每完成一项下面的内容就能得到一个 👍 。请将对应的 👍 涂成实心，看看自己能得几个 👍 。

快乐参与实验

自己寻找材料

顺利完成实验

发现新的问题

与小伙伴分享实验

设计新的实验方法

22 密信并不神秘

生活小问题

你是否注意到在许多谍战剧的剧情中，有一种能进行隐蔽书写的谍报技术——“密写术”。它是利用一种特殊试剂配成的无色墨水，在白纸上写字，不留下任何痕迹，当需要显现的时候，再用另一种试剂使字迹显露出来，从而达到传递情报的目的。你是否觉得这种方法很专业，似乎还很神秘？但如果告诉你，用生活中的材料，如淘米水、柠檬汁、白醋等就能写密信，你还会觉得它专业和神秘吗？

生活中的材料

淘米水、碘酒、厨房用纸巾、毛笔、一次性杯子、喷壶、报纸。

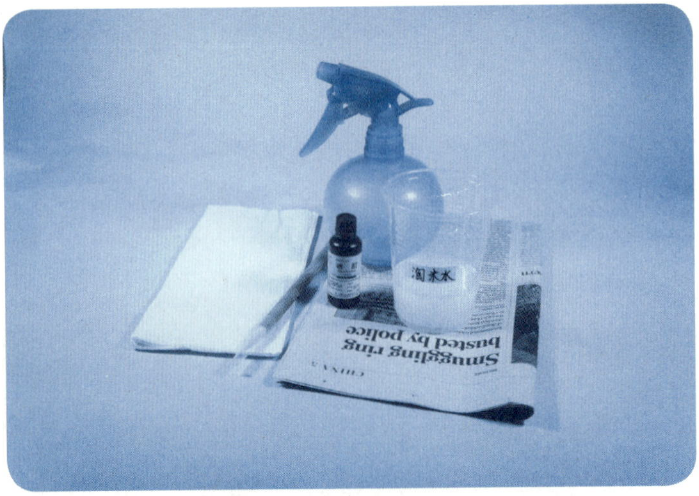

方法与步骤

（1）在地板上平铺一张报纸。将一张厨房用纸巾平铺在报纸上。

（2）用一次性杯子盛取半杯淘米水，用毛笔蘸着淘米水在纸巾上写下“科学”两个字。

（3）待纸巾的字迹干透，纸巾上已看不到字迹，“密信”制成。

（4）将碘酒与水（1:10）的溶液倒入空的喷壶中，用喷壶对着纸巾喷雾。

（5）纸巾被喷雾后，“密信”显现出“科学”两个字。

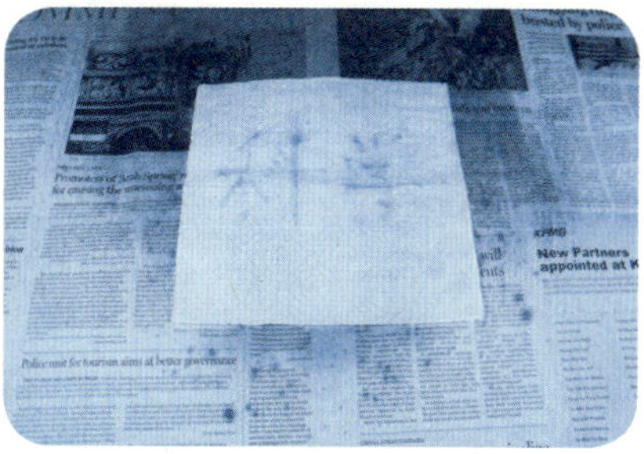

小贴士

白纸上的字迹会显现出来，原因是淘米水中含有淀粉，而淀粉遇碘酒会变成蓝色，这样留在白纸上的淘米水字迹就会显现出蓝色而被识别出来了。如果用柠檬汁写密信，这主要是柠檬汁中的维生素C与碘酒反应产生无色的新物质，而纸张的其他部分遇到碘酒会变色，这是字迹显现的原因。至于用白醋写在纸上会形成一种无色有光泽的玻璃状物质，它们的燃点低于纸张，所以加热时，写过字的地方会先烧焦，这样密信的内容就显现出来了。

智慧花

碘酒用水稀释的目的是什么？

智慧花答案

如果碘酒直接喷洒在纸面上，会使得纸中沾染的颜色太深，而无法清晰地显现出字迹来。

你知道吗

“二战”时期的美国为了反间谍，曾经发动了数万名邮政检查员来负责拆开各类邮件，其中一位检查员发现了一封可疑的信件。信所寄往的地址，是国外反谍报人员提供的“间谍地址”。信的内容虽是一些普通的家常事，但敏锐的检查员还是在信上发现了同时用密写药水写的暗信，内容是纽约港商船舰队的护航配置。这样的信件自然不会写真正的发信人地址，联邦调查局唯一的线索是打字机。因此，他们排查了全纽约同一品牌的打字机。在截获了寄信人的十几封信之后，一位特工仔细阅读了明信部分的内容，发现这位间谍描述自己非常热爱生活，已婚，有一条得过瘟热病的狗，7 点到 8 点上班，有漂亮的菜园子，最近换了一副眼镜，是一个空袭民防人员。还有，他是一个外国移民。特工们查询了 1914 年以来纽约移民部门的全部资料，寻找和此人签名笔迹相同的人。终于，在第 4881 张发现了笔迹相同的人。特工们一路追踪发现，他真地有病狗、菜园子，并确认其是隐藏在美国的间谍。[①] 所以说，密信也不是攻不可破，正所谓“道高一尺魔高一丈”。

YES OR NO

（1）密写术又称为“隐蔽书写”，即不让计划的接收者之外的任何人知道传递的信息。

（2）中国古代的藏头诗也是一种密写，称为“语义密写”。

（3）米汤密信可以用碘酒显现，运用了淀粉遇碘液变为蓝色的原理。

参考答案

（1）正确。

（2）正确。

（3）正确。

① 汤涌 . 世界谍报史上的奇闻［J］. 百姓生活，2009（9）：61.

为自己点“赞”

在实验中，你每完成一项下面的内容就能得到一个 。请将对应的 涂成实心，看看自己能得几个 。

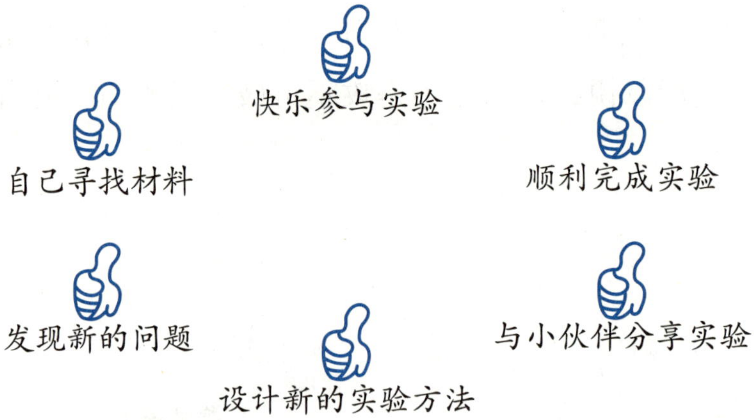

23 会飞的花朵——蝴蝶

生活小问题

蝴蝶，是我们再熟悉不过的生物了。春暖花开时，你会看到它们追逐着春天的气息翩翩起舞。当它们停靠在花丛间，就会与花的美丽融合在一起，不经意间，你真地很难发现它们，正是“狂随柳絮有时见，舞入梨花何处寻”。这种身着五彩斑斓的花衣、常年在花丛中采撷芳菲的小精灵，被人们称为会飞的花朵。那你可知道，这种小生命它的身体结构如何？它的美丽又和哪部分结构关系最为密切呢？我们不妨通过制作一个蝴蝶标本，仔细探索它的美丽和神奇吧！

生活中的材料

蝴蝶翅膀、假触角（塑料丝、头发）、白纸、笔、胶膜（或透明封箱带）、透明塑料片、一段红线、镊子、剪刀。

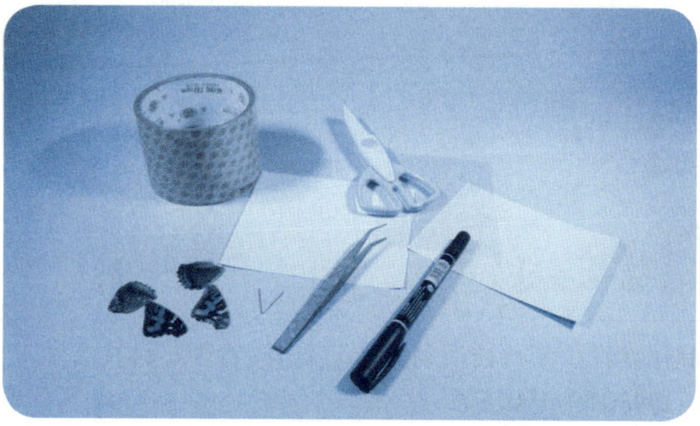

方法与步骤[1]

（1）用镊子夹取蝶翅，注意区别前后蝶翅和正反面，将翅膀的正面朝上。

（2）在白纸上画一个与蝴蝶翅膀颜色相配的假身体，再用剪刀将假身体剪下。

（3）取胶膜（或封箱带），将胶膜固定在平整的桌面上；拉掉胶膜的护纸，露出透明胶膜，用镊子夹取假身体，粘贴在胶膜中央偏下一点的位置。

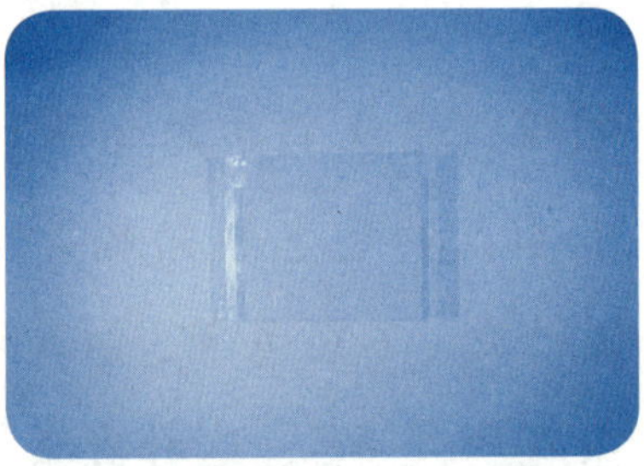

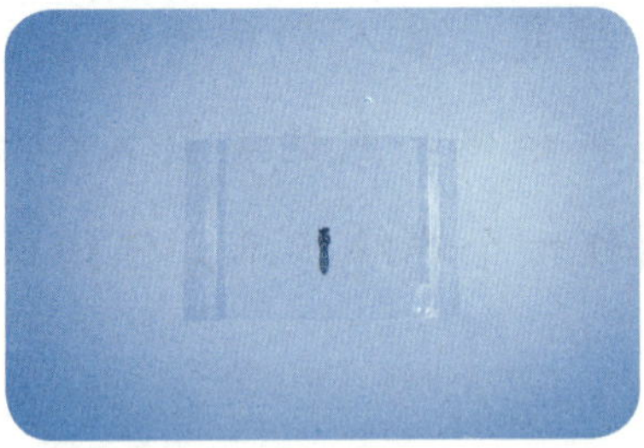

（4）用镊子夹取一对后翅，把它们的基部对准假身体的后胸部的左、右两侧，贴在胶膜上。

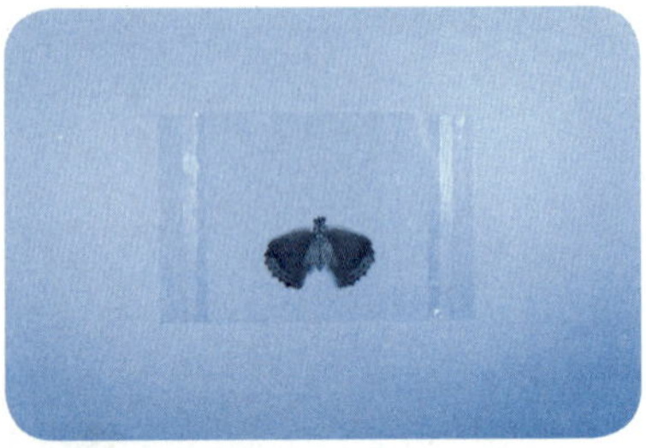

① 贴翅标本制作 // 青少年科技活动大会编委全 . 青少年科技活动大全［M］. 上海：上海科技教育出版社，1998:189-190.

（5）用镊子夹取一对前翅，把它们的基部对准假身体的中胸部的左、右两侧，贴在胶膜上。注意：前翅的部分后缘要重叠在后翅的前缘上；前翅的后缘须与假身体的中轴线成直角；前后翅在外缘相交成一小角。

（6）将一对假触角剪成等长后，小心地将它们粘到假身体头部前端中央位置，并呈左右对称的 V 字形。再将透明塑料片小心地盖在贴有蝴蝶的胶膜上，手掌轻压几下，直至与封胶膜完全粘合。

（7）从桌面上整体拉起胶膜、蝴蝶和透明塑料片的结合物，用剪刀沿蝴蝶外围（距离蝴蝶外缘 0.5 厘米左右）修去多余部分，贴翅标本完成。

（8）可以继续用锥子在贴纸标本上钻个小孔，系上红线。这样一张贴翅标本书签也做成了。

小贴士

本实验中的贴翅标本，是最简单的一种标本，只用到了蝴蝶翅膀，这是因为蝴蝶种类的不同主要表现在其翅膀的颜色、形状、花纹等不同。蝴蝶种类很多，有些还是国家保护动物，所以不能随便捕捉蝴蝶。一般来说，菜粉蝶比较常见，也较容易得到。如果有机会获得菜粉蝶，先将其放在用报纸折成的三角包中，尽量不要损坏翅膀。将三角包放在通风处，1~2 周后蝴蝶会自然风干，就可以作为实验的材料了。

智慧花

为什么先贴后翅，再贴前翅呢？

智慧花答案

因为蝴蝶的前后翅与身体的连接处会发生重叠，后翅的前缘会被前翅的后缘覆盖。

你知道吗

蝴蝶是昆虫大家族中的成员，身体分为头、胸、腹。头部有一对触角、一个独特的虹吸式口器；胸部有两对翅和三对足；腹部瘦长。蝴蝶的美，主要是它们的翅膀很独特。蝴蝶翅膀上的鳞片不仅能使蝴蝶艳丽无比，还像是蝴蝶的一件雨衣。因为蝴蝶翅膀的鳞片里含有丰富的脂肪，能把蝴蝶保护起来，所以在雨中你也可能见到蝴蝶飞舞。人们在野外看到的蝴蝶大多是它们的成虫，也是蝴蝶最美丽的时候。但是你是否知道，它们的这种美丽，得经过千辛万苦最终脱胎换骨羽化而来。因为它们的一生要经过卵、幼虫、蛹和成虫四个发育阶段。而这四个发育阶段的外部形态几乎没有相似之处，人们一般很难想象美丽的蝴蝶是由丑陋不堪甚至可怕的毛毛虫变来的。蝴蝶的四个发育阶段完全不同的特点，在生物学上称为完全变态。蝴蝶由卵到成虫，经过四个明显不同的发育阶段，这四个阶段依次循环，周而复始，称为世代，也就是蝴蝶的生活史。

YES OR NO

（1）蜻蜓和蝴蝶一样，都属于完全变态。

（2）飞蛾和蝴蝶休息时都将翅膀合拢竖立背上。

（3）蝴蝶的虹吸式口器具有一条能弯曲和伸展的喙，适于吸食花管底部的花蜜。

参考答案

（1）错误。蜻蜓属于不完全变态，它们没有蝴蝶那样的蛹期。

（2）错误。蛾类多数是将四翅平放或呈屋脊状休息。

（3）正确。

为自己点“赞”

在实验中，你每完成一项下面的内容就能得到一个👍。请将对应的👍涂成实心，看看自己能得几个👍。

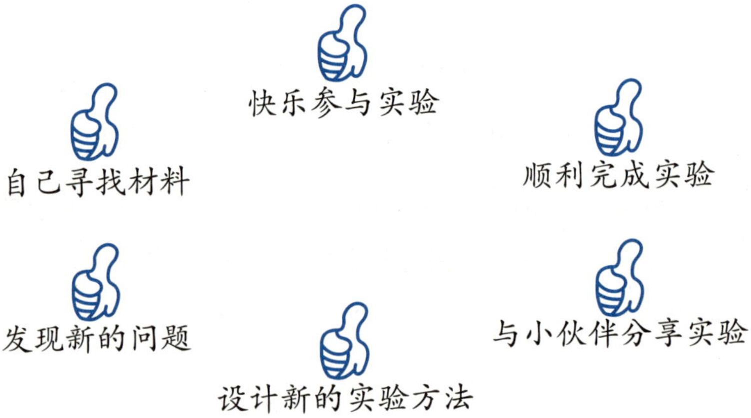

24 你会做竹蜻蜓吗

生活小问题

你玩过竹蜻蜓吗？它可是我国古代的一种发明啊。竹蜻蜓由两部分组成，一是竹柄、二是“翅膀”。玩时，用两手手掌夹住竹柄，快速一搓，双手一松，竹蜻蜓就飞向天空，旋转好一会儿后才会落下来。竹蜻蜓为什么会飞上天？这里面到底有什么诀窍？让我们自己做个竹蜻蜓，进行一番“做中学”的实践与探究。

生活中的材料

一张塑料卡片、一根小木棒（或一次性筷子）、一段吸管（3~4 厘米）、白纸、笔、剪刀、砂纸。

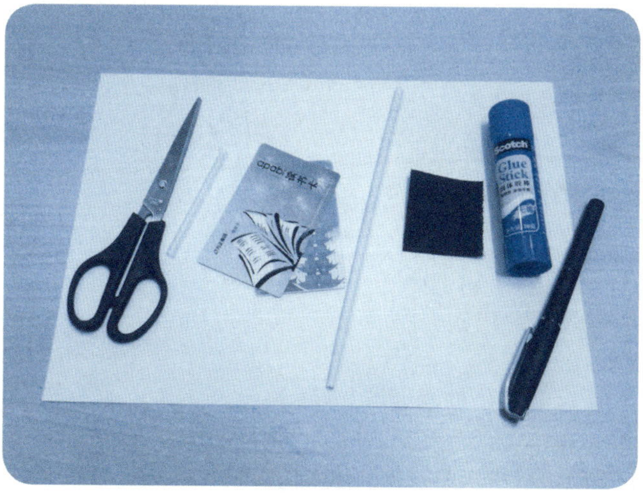

方法与步骤 ①

（1）准备一张与塑料片大小一致的纸片，画上图示曲线，曲线所围成的图形就是一个个羽翼。

（2）将画有羽翼的纸片贴到塑料片上，再用剪刀将 1 对羽翼剪下来。

（3）取一对羽翼，在其较细的一端（距离顶端约 1 厘米处），按图示斜折。

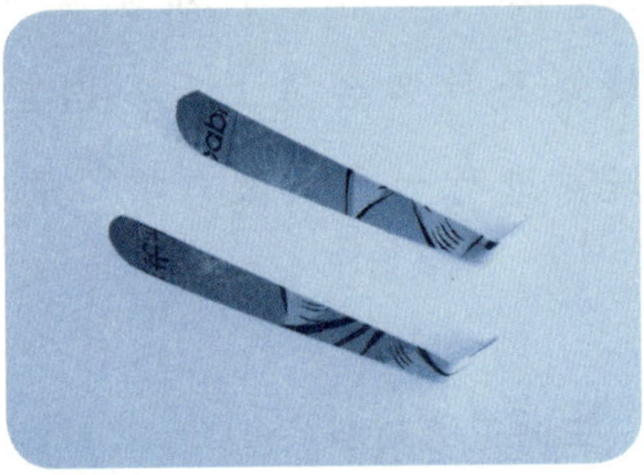

（4）将两片羽翼斜折的一端相对插入吸管中。

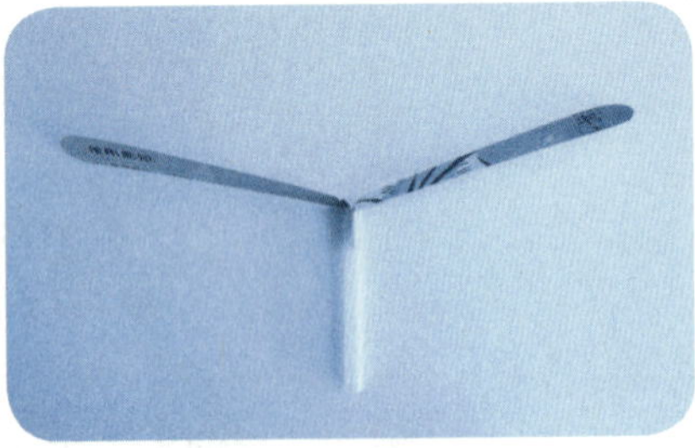

① 常文武. 竹蜻蜓、贝济埃曲线及其他［J］. 科学（上海），2013，65（3）：60–62.

（5）将小木棒的一端插入吸管中。如果木棒太粗，用砂纸将木棒头部磨细再插入。

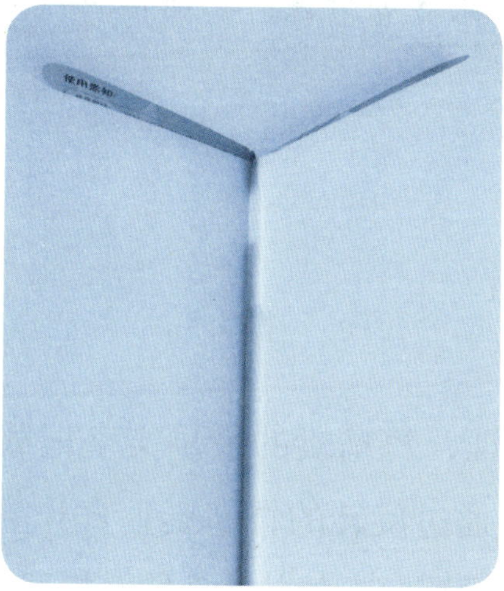

（6）竹蜻蜓制作完成后，接下来体验一下它飞上去的感觉。操作方法是：将竹蜻蜓夹在两手手掌之间，微伸两臂，用右手从手掌前部至后部猛地摩擦小棒，最终使竹蜻蜓飞出手掌。

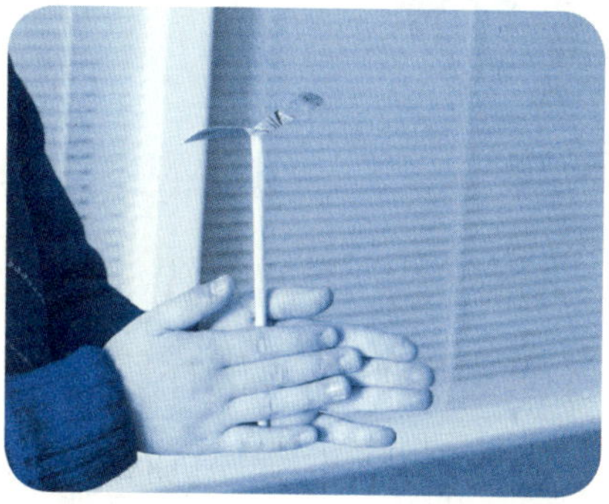

小贴士

竹蜻蜓的羽翼和水平旋转面之间有一个倾角。当羽翼旋转时，旋转的羽翼将空气向下推，形成一股强风，而空气也给竹蜻蜓一股向上的反作用升力，这股升力随着羽翼的倾斜角而改变，倾角大升力就大，倾角小升力也小。当升力大于竹蜻蜓自身的重力时，竹蜻蜓便可向上飞起。

竹蜻蜓的羽翼有一定硬度，快速旋转时，如果碰到人体可能会产生伤害。建议该实验在成人指导下，选择空旷场地进行，注意安全。

智慧花

如何使竹蜻蜓飞得既高又稳？

智慧花答案

可以通过羽翼折角的调整、材质的选择、施加力的方法等，让制得竹蜻蜓飞得既高又远。

你知道吗

竹蜻蜓是中国古代一大发明。据考证，竹蜻蜓的最早文字记载来自晋朝葛洪所著《抱朴子》，书中描绘了通过旋转的竹蜻蜓垂直升空的情景，并说明可以通过旋转的螺旋桨产生垂直向上的拉力。竹蜻蜓虽小，却是世界上最早的直升机模型。据传 17 世纪苏州巧匠徐正明曾仿照竹蜻蜓制造出一个简陋的直升机，居然能飞离地面一尺多高。竹蜻蜓于 18 世纪传到欧洲，被称为“中国飞陀螺”。1796 年有“英国航空之父”称号的乔治·凯利制造出用钟表发条驱动的竹蜻蜓，飞行高度曾高达 20 多公尺（也就是“米”，1 公尺 =1 米 =3 市尺）。蕴含奇妙升空原理的竹蜻蜓被欧洲人看作一种航天器来进行研究。西方的许多航空先驱者都是从竹蜻蜓中悟出了一些重要航空原理。[①②] 可见，竹蜻蜓也为人类航空器的研究与发展书写了重要一笔。

① 徐德康. 腾飞的“竹蜻蜓”——直升机技术的百年发展［J］. 国际航空，2003（7）：59.

② 刘延柱. 竹蜻蜓与回旋镖［J］. 力学与实践，2008，30（3）：104.

YES OR NO

（1）直升机的概念最早可追溯到中国古代的竹蜻蜓。

（2）竹蜻蜓的叶片和旋转面有一个倾角，所以当我们用手旋转竹蜻蜓时，它会得到空气的反作用推力而有可能向上飞出。

（3）竹蜻蜓叶片的阻力面积愈小作用力愈大，反作用力也愈大。

参考答案

(1) 正确。

(2) 正确。

(3) 错误。竹蜻蜓叶片的阻力面积愈大作用力愈大，反作用力也愈大（浮力也愈大），竹蜻蜓就可能飞得愈高。

为自己点“赞”

在实验中，你每完成一项下面的内容就能得到一个👍。请将对应的👍涂成实心，看看自己能得几个👍。

- 快乐参与实验
- 自己寻找材料
- 顺利完成实验
- 发现新的问题
- 与小伙伴分享实验
- 设计新的实验方法

25 自己制作纸风筝

生活小问题

清明时节，微风徐徐，在空阔的草地上，你会看到很多家长带着孩子一起放风筝。你看：这头拽着风筝线，那头拖着风筝，一个小跑，风筝就缓缓地飞上了天，随着手中的线越放越长，那风筝也就高高在上了。这时只要用手轻轻地一拉一放地控制，风筝就会稳稳地悬在天空中，犹如一只大鸟盘旋着俯视下面的人群。这时，你可能问：风筝是靠什么力量在天空中飞翔的呢？这个不急着回答，自己能否想办法做个风筝，先体验一下。

生活中的材料

硬质细吸管、剪刀、尼龙线（足够长）、直尺、宣纸、透明胶带、铅笔、美纹纸。

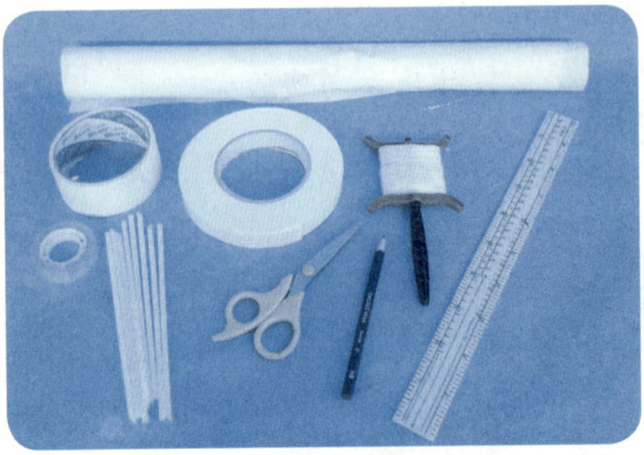

方法与步骤

（1）将硬质吸管连接成一长（40 厘米）一短（34 厘米左右）两根吸管。连接方法：将吸管一端剪成尖角后插入另一吸管，连接处用透明胶带粘贴加固。

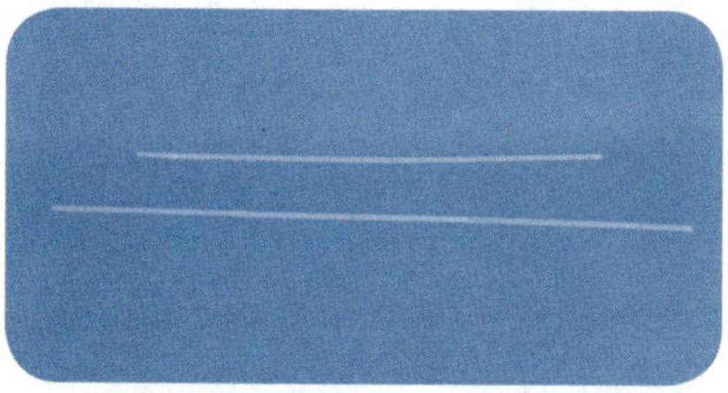

（2）制作风筝支架：短吸管水平放置，将长吸管与短吸管中点处垂直相交。长吸管的两端距离相交处分别为 10 厘米（风筝支架头部）、30 厘米（风筝支架身体部），吸管相交处用海绵胶粘贴。

（3）在风筝支架四端及相交处贴上双面胶，再将支架和平铺在地板上的宣纸粘贴。

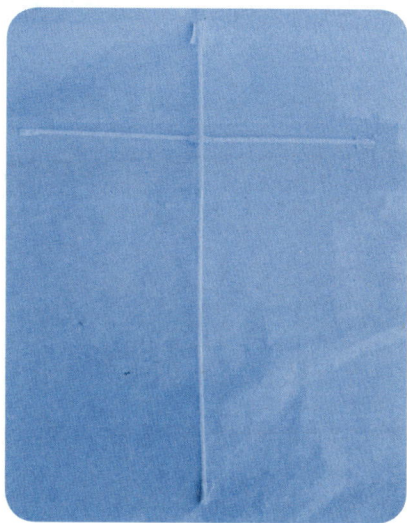

（4）在宣纸上，沿着支架四个端点处用笔画出直线，再用剪刀沿画线处剪出风筝主体。

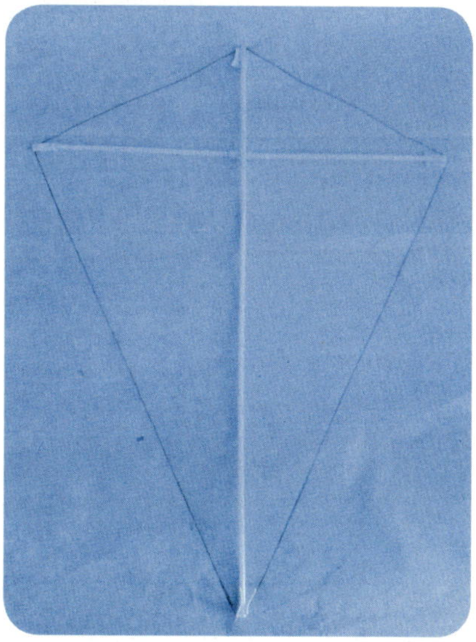

（5）从宣纸上剪下两条长 100 厘米、宽 4 厘米的尾带，两条长 40 厘米、宽 2 厘米的翅带。将尾带、翅带粘贴在风筝主体上。

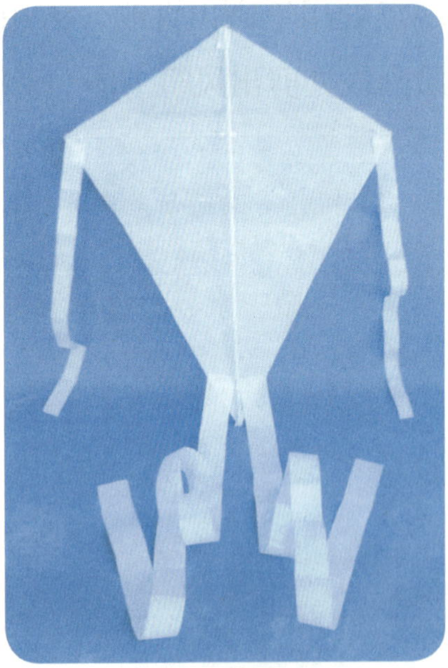

（6）用美纹纸覆盖在吸管上，并与宣纸粘贴。四条飘带与风筝连接处也用美纹纸覆盖粘贴。

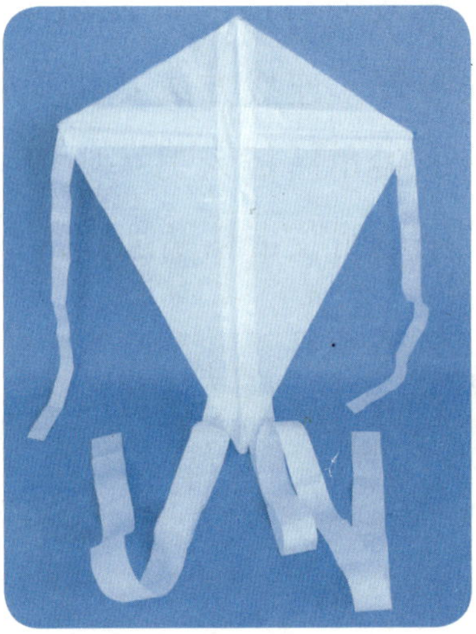

（7）将尼龙线连接在风筝支架的相交处，风筝制作完成。

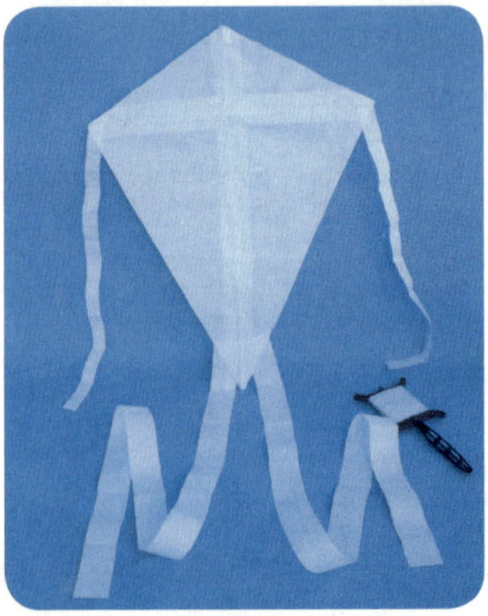

（8）选个有微风的好天气，和爸爸妈妈一起放风筝吧。

小贴士

风筝在空中受风，空气会分成上下流层。通过风筝下层的空气受风筝面的阻塞，空气的流速减低，气压升高；上层的空气流通舒畅，流速增强，相比风筝下层的气压低。这样在风筝上下层之间的气压差就成为风筝飞上天的原因之一。在风力、牵引力的作用下，风筝在空中须达到受力平衡才能保持稳定。

风筝顺利腾飞，需要多次实践。失败了，找找原因：是不是风筝头重脚轻，是不是左右不平衡，是不是操作姿势不对……别忘了，风筝上的翅带、尾带是可以调节的。

智慧花

风筝的翅带、尾带有什么作用？

智慧花答案

风筝的翅带、尾带起到平衡作用。当风筝出现左右、前后不平衡时，可以通过调节翅带和尾带而促使风筝在空中达到平衡。

你知道吗

风筝的发明，对科学技术的发展产生了深刻的启示。1749 年，美国一位名叫威尔逊的天文学家，研制成世界上第一台空中试验仪。他用 6 只风筝将天文仪器吊到 700 多米的高空中进行科学试验，第一次测到了大气的温度，并取得了一些重要的理论数据，推动了天文学的发展。1752 年，美国科学家富兰克林曾用风筝挂上一把铁钥匙，在雷电交加时把风筝送上天，引来雷电，从而证明了雷电也是一种放电现象，避雷针也由此发明。1804 年，英国的乔治·格雷爵士用两只风筝作机翼，研制出了一架长 5 英尺的滑翔机。1894 年，英国科学家设计了一只供战场观察的军用风筝，其作用犹如当今的卫星电视转播。近年来，科学家甚至提出了利用风筝发电的新方法。如今，风筝在科学试验和工农业生产上的应用更为广泛：利用风筝作海洋救生工具；利用风筝牵引船只；在风筝上安装无线控制照相机，进行空中摄影；在风筝上安装喷水器，喷洒悬崖上的植物。①

YES OR NO

（1）风筝又名纸鸢、纸鹞，它发源于中国，至今已有 2000 多年历史。

（2）风筝放飞需要风力，所以风越大越有利于风筝放飞。

（3）风筝需要有提线的牵引，“断线的风筝”在短暂飘远之后必定会掉下来。

参考答案

（1）正确。

（2）错误。因为太大的风会吹坏风筝、吹断风筝线，另外风太大，很难调控风筝在空中达到平衡稳定。

（3）正确。

① 窦光宇．风筝中的科学［J］．百科知识，2007（2）．

为自己点“赞”

在实验中，你每完成一项下面的内容就能得到一个 。请将对应的涂成实心，看看自己能得几个。

快乐参与实验

自己寻找材料

顺利完成实验

发现新的问题

与小伙伴分享实验

设计新的实验方法

26 隐形的气流

生活小问题

你玩过孔明灯吗？在晴朗无风的天气，当我们在由竹篾和薄纸围成的灯罩下点着燃烧物，孔明灯就会徐徐上升。空中飘浮的点点孔明灯犹如天灯一般，传递着信息或寄托着人世间的美好愿望。那么孔明灯为什么会飞向空中呢？这其实和一种无形的物质——气流有关。正是这种隐形的气流冲天而上，将孔明灯托起。气流泛指任何运动着的空气流，如风。一般情况下，将空气的上下运动称为气流，向上运动的空气叫作上升气流，向下运动的空气叫作下降气流。上升气流又分为动力上升气流和热力上升气流。像孔明灯、滑翔机可以通过热力上升气流腾向空中。接下来就让我们见证一下这种气流的魔力。

生活中的材料

笔、白纸、剪刀、蜡烛、细线、透明胶带、打火机。

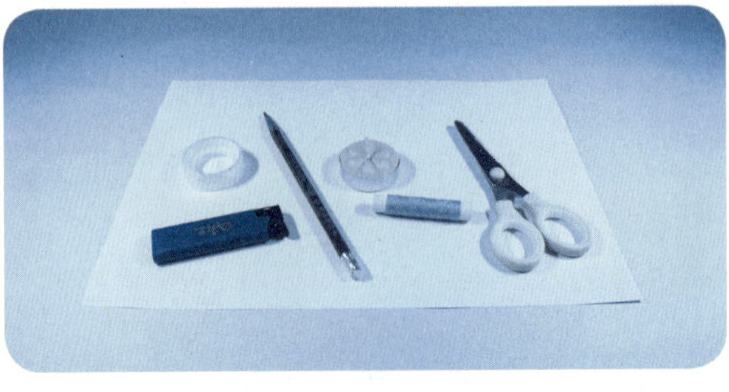

方法与步骤

（1）如图所示，用笔在纸上画出图形。

（2）沿着图中线条剪出纸带（“蛇”的身体）。

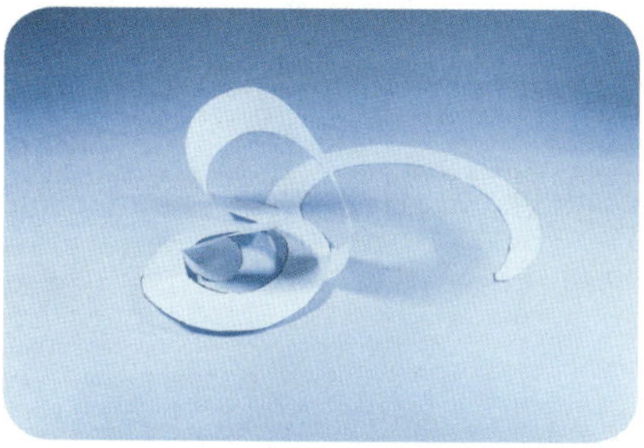

（3）用透明胶带将细线粘贴在纸带的一端（“蛇”的头部）。

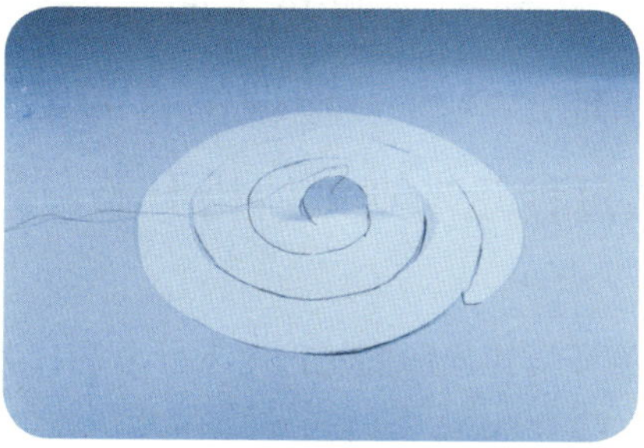

（4）点燃小蜡烛，待火焰旺盛后，用手提着细线，或让细线固定在支架上，将“蛇”的身体放置在蜡烛上方。

（5）静置一段时间，观察纸带情况。

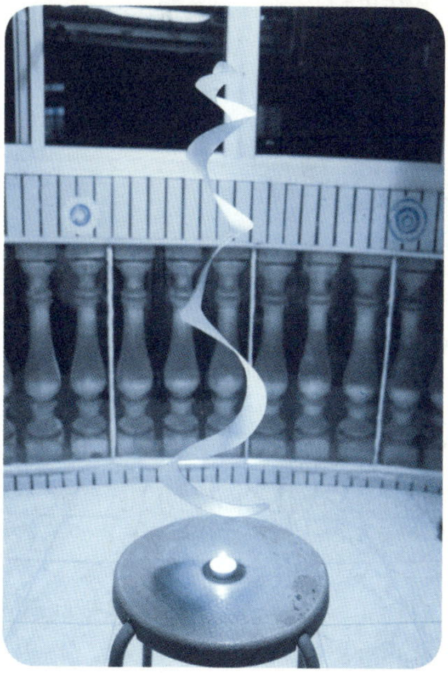

小贴士

点燃的蜡烛会使它上方的空气变热膨胀，密度降低而变轻从而上升，而冷的空气则会源源不断地下沉补充，这种因温度差而产生的空气运动就会向上推动纸带转动，就像蛇向上舞动着身体。如果你觉得蛇的身体不够漂亮，可以为纸带上色，画出蛇的身体纹路来。本实验需在成人指导下进行，注意用火安全。

智慧花

纸带转动和天灯飞上天的原理一样吗？

智慧花答案

一样。都是因为通过产生热气流，进而推动物体运动的结果。

自然界中的热力上升气流是由于空气从地面吸收热量而上升形成的，它受日照、气压、温度等气象条件和地形条件、地理位置的影响，高度可以从几百米到几千米，速率可以从每秒几米到每秒几十米。[①] 由

---

① 包一鸣，吴森堂．适宜于间歇滑翔飞行的气流环境建模研究［J］．飞行力学，2008，26（3）：14.

于地表热容量不同，吸收热量的不同，热力气流就不同。砂石吸收的热量最少，最容易饱和，但这时候日照还在继续，于是把多余的热量辐射给周围的空气，把周围的空气加热，所以沙漠、山石、裸露在阳光下的干燥地表上空形成热力气流的机会很大。利用这一特点，英国工程师设计出一个巨大的烟囱状的热气流推进器——太阳能热气流塔，在沙漠或阳光充足地区，利用它通过热气流驱动涡轮机产生电能。另外，鸟类也可以利用上升气流毫不费力地滑翔。

（1）气流虽然看不见，但能感受得到，如“春风拂面”。

（2）火车月台上黄色警戒线的设置与气流有关。

（3）在风力大的天气，有利于孔明灯上升。

参考答案

（1）正确。

（2）正确。

（3）错误。在有风的天气，孔明灯上升过程中容易出现摇摆，灯罩容易被燃烧，而使放飞失败，甚至出现火灾的可能性会加大。

为自己点“赞”

在实验中，你每完成一项下面的内容就能得到一个 。请将对应的 涂成实心，看看自己能得几个 。

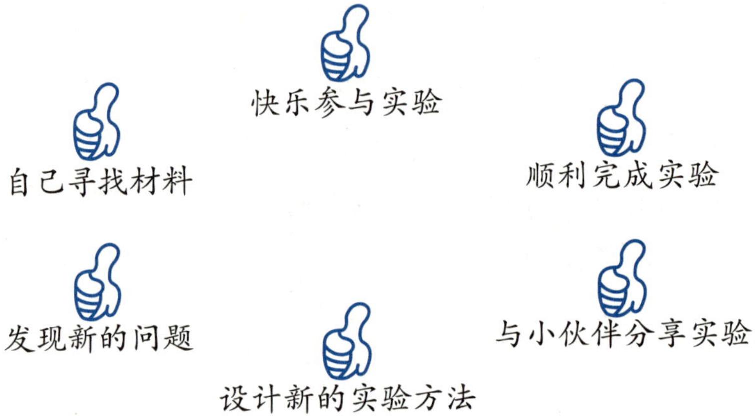

27 瓶中喷泉

生活小问题

当你仰望直冲云霄几百米高的水柱而惊叹时，当你欣赏变幻莫测、绚丽多姿的喷泉"表演"而陶醉时，当你置身喷泉之中与阵阵水雾亲密接触而身心愉悦时，你是否想过，是什么力量促使喷泉演绎出如此的奇观呢？原来，这一切都与压力有关。喷泉其实是一种将水或其他液体经过一定压力通过喷头喷洒出来具有特定形状的组合体，提供水压的一般为水泵。喷泉发生的原理并不复杂，生活中我们也可以自己尝试制作简易喷泉。通过下面的实验，想想看，是什么代替水泵发挥作用的？

生活中的材料

两个玻璃瓶（带塑料瓶盖）、一根单色吸管、一根双色吸管、锥子、剪刀、尺、橡皮泥、记号笔、清水、水盆。

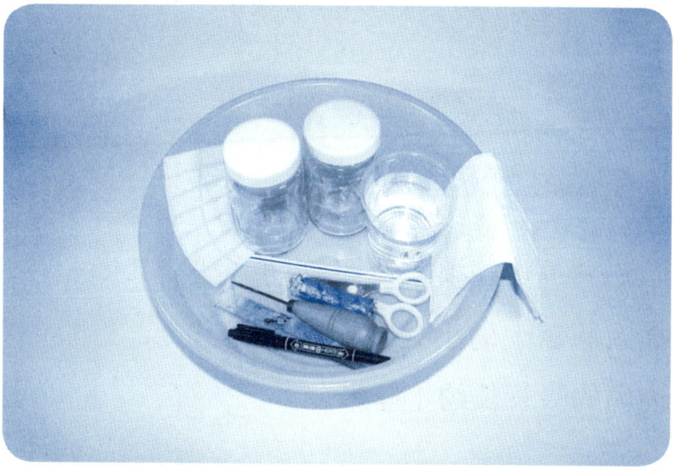

方法与步骤

（1）将一根单色吸管、一根双色吸管分别剪成15厘米长（吸管长度根据瓶子深度调整）的两段，待用。

（2）用锥子在瓶盖上钻两个与吸管粗细相近的孔，两孔之间的距离为 3~4 厘米。

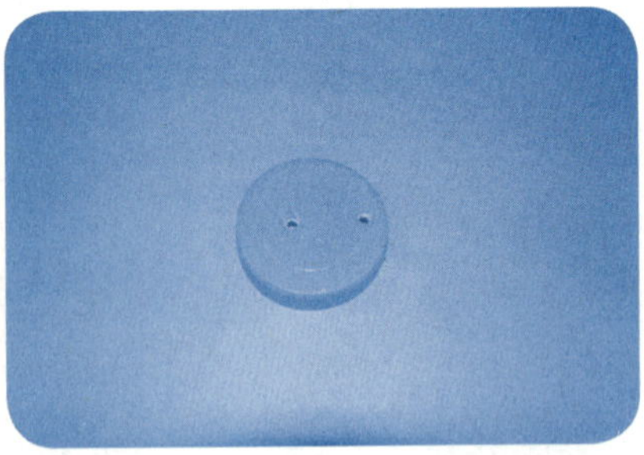

（3）将一根单色吸管的一端插入瓶盖上的小孔中，留在瓶盖内侧的吸管长约 1 厘米。

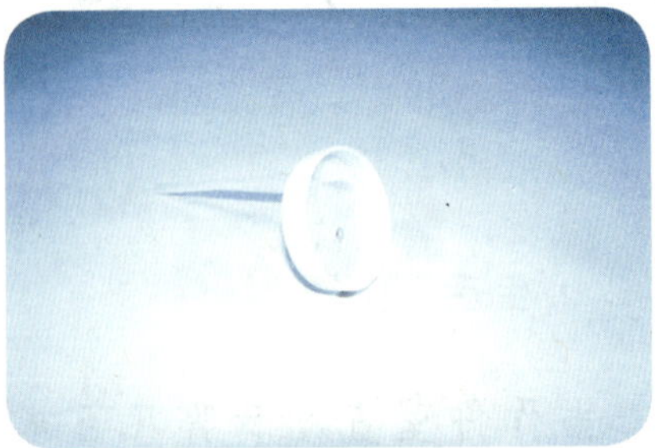

（4）将一根双色吸管的一端插入瓶盖上的另一个小孔中，留在瓶盖内侧的吸管长约 5 厘米。

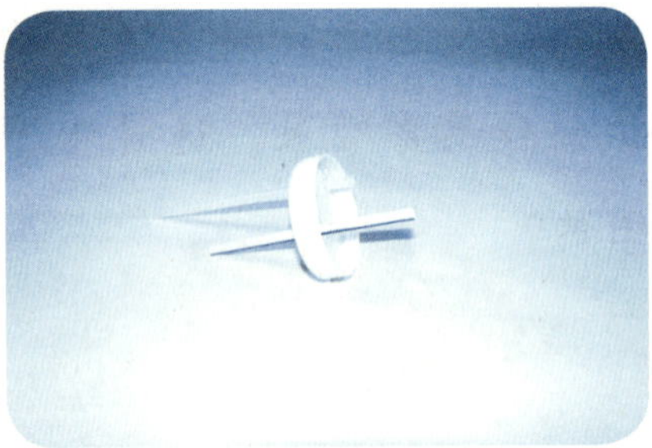

（5）用橡皮泥将吸管和瓶盖孔结合处的缝封住。

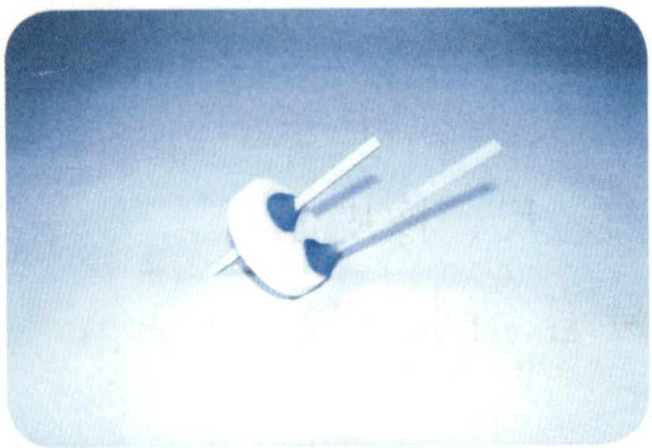

（6）在瓶 A 中倒入半瓶清水，将插有吸管的瓶盖盖在瓶 A 瓶口上，并拧紧。

（7）在瓶 B 中倒入大半瓶水后，放在水盆中。

（8）将瓶 A 迅速地倒扣在瓶 B 上，双色吸管插入瓶 B 中的清水中，单色吸管露在瓶子外面。观察瓶 A 中的变化。

小贴士

你会发现在瓶中出现喷泉。这是因为瓶A中的水从单色吸管流出后，瓶A中液体上方的空间增大，气体体积增大，气压变小。而外界的气压未变，外界气压就会与瓶B中的气压形成气压差，所以瓶B中的液体就会被外界气压推动，进而推动双色吸管里的水上升，形成喷泉。

智慧花

瓶中喷泉在何时会停止喷发？

智慧花答案

当瓶中的气压和外界气压一致时，或B瓶中的水位下降至双色吸管端口之下，喷泉就会停止。

你知道吗

“喷泉”原是一种自然景观，早在公元前就已经有了人造的喷泉水景了。欧洲喷泉起源很早，公元前6世纪在巴比伦空中花园中已建有喷泉。古希腊时代就已由饮用水的泉逐渐发展成为装饰性的喷泉。[①] 人造喷泉在中国的历史由来已久，《汉书·典籍》中记载，在汉上林苑中

① 默片.喷泉之城［J］.中国建筑金属结构，2014（10）：76.

有“激上河水，铜龙吐水，铜仙人衔杯受水下注”的设施。可见2000多年前的汉朝就有喷泉作为景观了。18世纪，西方喷泉也传入中国，最具有代表性的就是圆明园中的“谐奇趣”“海晏堂”“大水法”三大喷泉。“大水法”的水池中央有一只铜鹿，四周十只铜狗口中齐射疾流于铜鹿，称为“猎狗逐鹿”。“海晏堂”中，有身穿罗汉袍的“十二生肖”像，每个生肖都能喷水，用以报时。[①] 随着城市现代化发展，各种智能化、艺术化的喷泉，为人们欣赏水、亲近水、嬉戏水带来了愉悦和美的享受。

YES OR NO

（1）实验中A瓶液体上方的气压减小，B瓶液体上方的气压增大，形成气压差，促使喷泉喷发。

（2）景观喷泉的水源应为无色、无味、无有害杂质的清洁水。

（3）喷泉的细小水珠同空气分子撞击，能产生大量的负氧离子，具有一定改善环境的作用。

参考答案

（1）错误。B瓶液体上方的气压保持不变。

（2）正确。

（3）正确。

① 王乐松．程控喷泉水体艺术及应用初探［J］．设计艺术，2005（2）：72.

为自己点“赞”

在实验中，你每完成一项下面的内容就能得到一个 。请将对应的 涂成实心，看看自己能得几个 。

快乐参与实验

自己寻找材料

顺利完成实验

发现新的问题

与小伙伴分享实验

设计新的实验方法

28 自制小火箭

生活小问题

为什么划船时，船桨将水往后推，而船反而会向前行？为什么往后喷射出的燃气反推着火箭前进？为什么炮弹向前运动时，炮身会向后运动？为什么皮球撞击地面后马上会弹起来？为什么用手拍桌子，手会感到疼痛？生活中有很多类似的为什么，其实这些都与作用力与反作用力有关。当物体甲给物体乙一个作用力的时候，物体乙必然同时回敬给物体甲一个反作用力。这是自然界万物都要遵守的法则。这里我们可以通过制作一个简易小火箭，来感受一下作用力与反作用力。

生活中的材料

细吸管、粗吸管、橡皮泥、塑料瓶、纸、双面胶、铅笔、尺、剪刀。

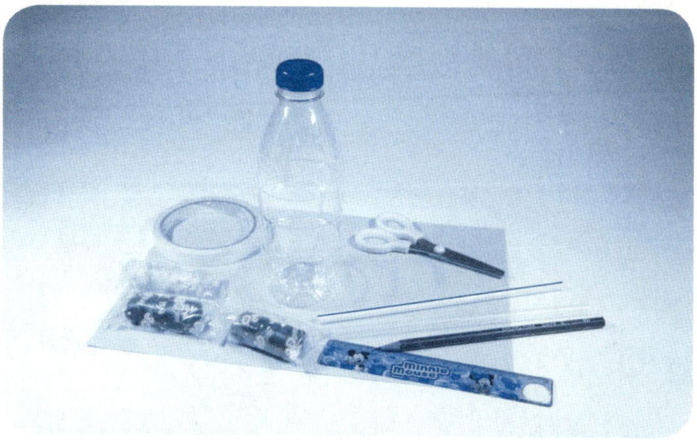

方法与步骤

（1）制作尾翼：用铅笔在纸上画出3个边长分别为3厘米、4厘米、5厘米的直角三角形，用剪刀剪下三角形纸片即为尾翼，待用。

（2）将粗、细吸管分别剪成长10厘米的小段，待用。

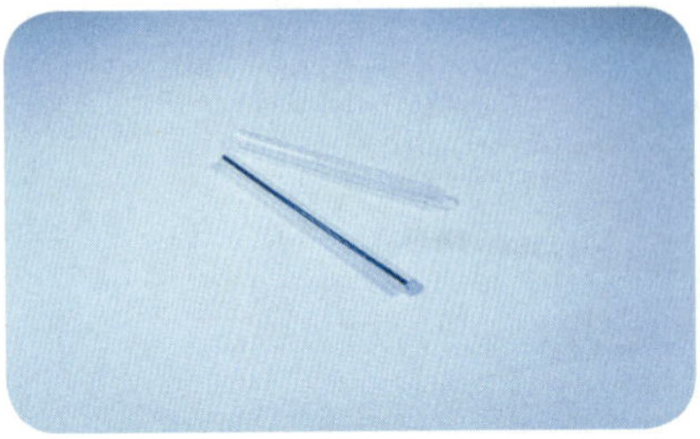

（3）将细吸管插入塑料瓶，保留3厘米在瓶外，用橡皮泥封住瓶口。

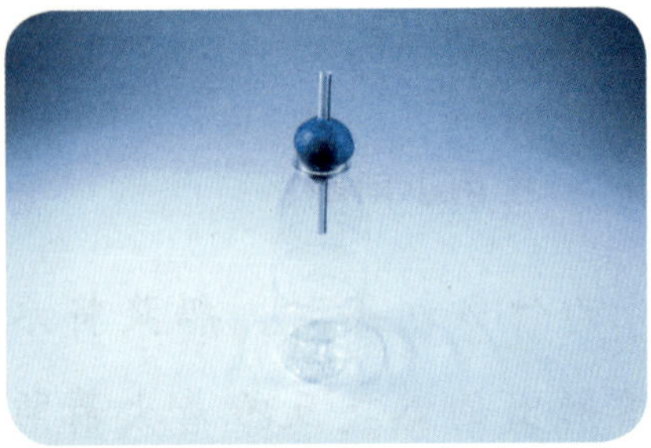

（4）在粗吸管的一端塞入橡皮泥封闭，封口端的橡皮泥呈圆锥状。

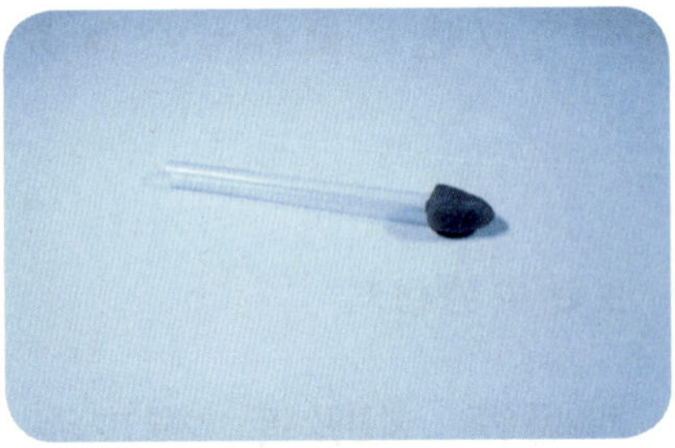

（5）在粗吸管的另一端等距离粘上3片三角形尾翼，制成“火箭”。

（6）将粗吸管套在瓶口的细吸管上。

（7）用力挤压瓶子，观察“火箭”的运动情况。

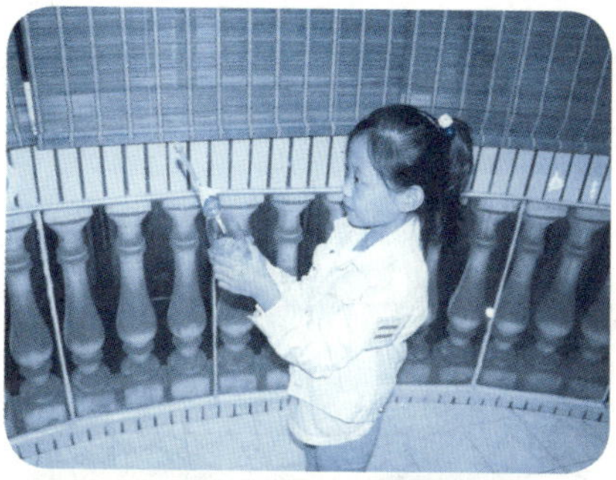

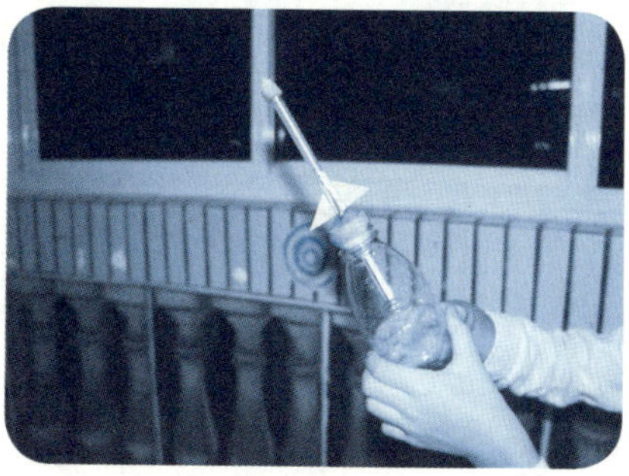

小贴士

本实验中，粗吸管用来模拟火箭，塑料瓶用来模拟火箭发射装置。当用手挤压瓶子的时候，塑料瓶具有弹性而向内凹陷，瓶中的空气也随之受到挤压。受到挤压的空气同时产生了反弹力（即反作用力），促使套在吸管上的“火箭”（粗吸管）被弹射出去。

智慧花

火箭的尾翼起什么作用？

智慧花答案

尾翼有保持火箭运行平衡的作用。

在中国古代典籍中，“火箭”这一名词在火器史的不同时期，具有不同的内涵。在火药发明以前和发明之后相当一段时间内，它只是利用弓弩发射的纵火武器。唐宋以来，在火药用于制作战争武器的实践中，中国古代的军事技术家利用火药燃烧时高速喷射气体的反作用推力，发明了火箭，逐步形成了单火箭、集束火箭、有翼火箭、二级火箭等火箭武器家族，甚至进行了世界上最早的火箭载人升空的尝试。中国古代火箭技术，先后传播到亚洲并经阿拉伯传入欧洲，推动了人类作战方式的演变，其技术思想对世界近代火箭科学技术的发展产生了深远的影响。[①] 这种运用火药燃气反作用力原理创制的火箭，当代科学精英将其发展成为运载飞船升空的动力来源，这是我们每个炎黄子孙引以为豪的成就。

（1）火箭起源于中国，是中国古代重大发明之一。

（2）力是物体对物体的作用，所以力都是成对出现的。

（3）作用力与反作用力大小相等，方向相反。

（1）正确。
（2）正确。
（3）正确。

① 李斌，岳成驰．火箭在中国的起源［J］．军事史林，2012（9）：44.

为自己点“赞”

在实验中，你每完成一项下面的内容就能得到一个 。请将对应的 涂成实心，看看自己能得几个 。

快乐参与实验

自己寻找材料

顺利完成实验

发现新的问题

与小伙伴分享实验

设计新的实验方法

29 你会测量风力大小吗

生活小问题

“0级烟柱直冲天，1级青烟随风偏，2级风来吹脸面，3级叶动红旗展，4级风吹飞纸片，5级带叶小树摇，6级举伞步行艰，7级迎风走不便，8级风吹树枝断，9级屋顶飞瓦片，10级拔树又倒屋，11、12级陆地上很少见。”[①] 这是一首描写风力大小的歌谣。生活中，我们也会经常听到风力大小的预报，那么风力的大小是怎么测得的呢？如果你在公园游玩，细心的你会发现：在空阔的草地上，有时会有一根高高的圆柱形杆子。杆子的顶端有几个半圆形的球，它们会随着风力转动，风力越大转动得就越快，其实这就是测量风力大小的风力计。接下来，我们就来制作一个简单的风力计。

生活中的材料

硬质细吸管一根、粗吸管一根、蓝纸、红纸、笔、橡皮泥、大头针、玻璃瓶、双面胶、剪刀、尺。

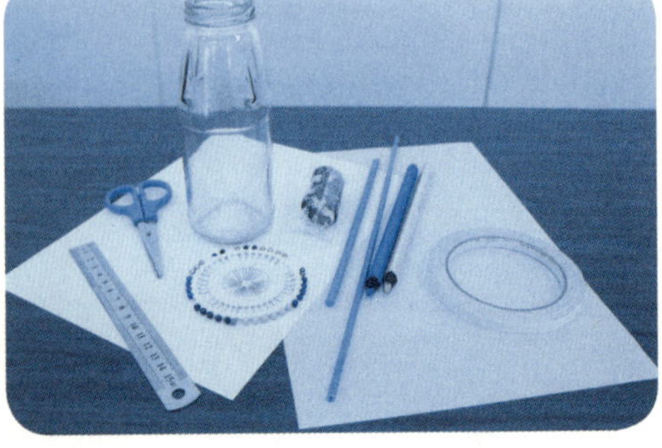

① 黄永杰. 风力多大我知道［J］. 少年科学，2014（27）：35.

方法与步骤

（1）制作基座：用橡皮泥塞紧玻璃瓶口，将一根硬质细吸管从瓶口插入瓶中，留在瓶外的吸管长度至少为 10 厘米。

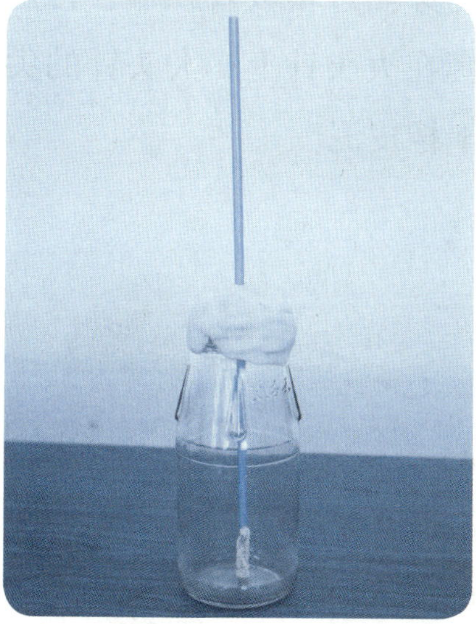

（2）制作旗帜：从蓝纸上剪下长 20 厘米、宽 8 厘米的长方形纸片，对折，用笔在纸片的一个侧面上均匀画出 13 条线代表风力大小的刻度。

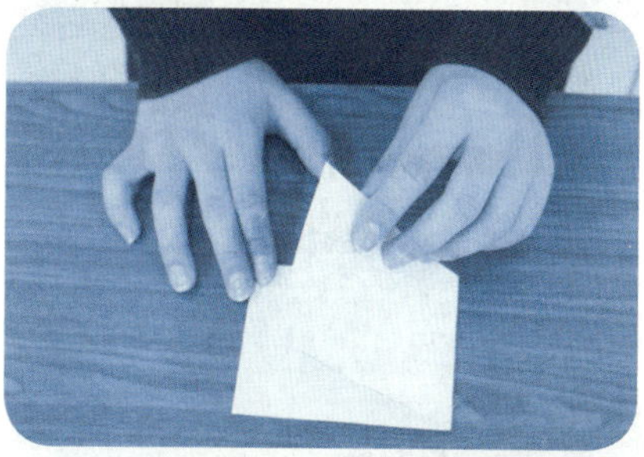

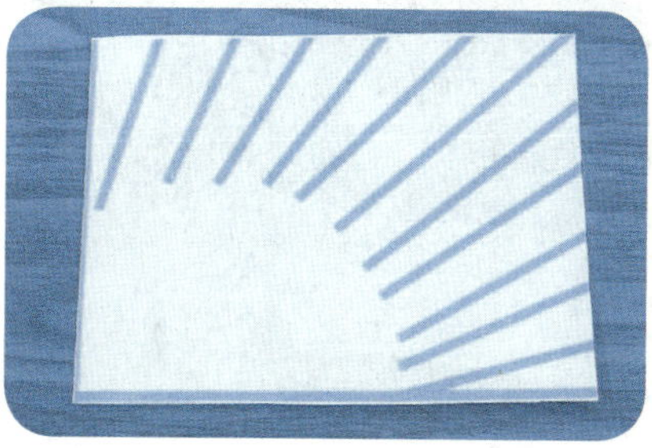

（3）制作指针：从红纸上剪下长 16 厘米、宽 1 厘米的小纸条，将纸条对折，除纸条中间 1 厘米以外，其余部分用双面胶相向粘贴。

（4）准备一根长 10 厘米的粗吸管，在距离粗吸管顶端 1 厘米处，将旗帜粘贴在粗吸管上。

（5）将大头针与旗帜成直角横向穿插过粗吸管顶端，再把指针套在大头针上，大头针的尖端套上橡皮泥。

（6）将粗吸管套在细吸管上，这样风力计制作完毕。

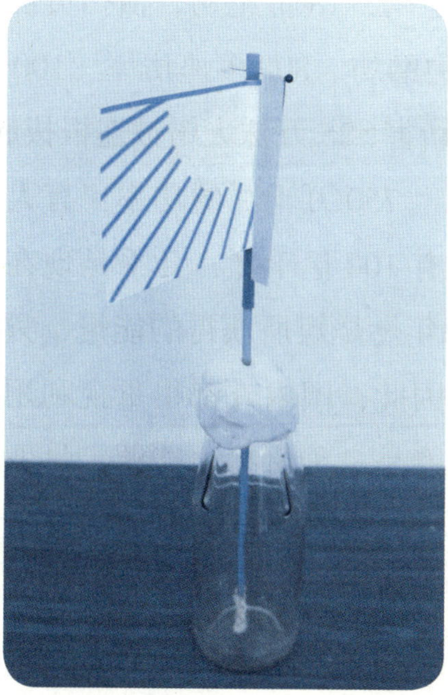

（7）将风力计放置在户外，测一测风力吧！

小贴士

风力的大小是和风的速度密切相关的，风速越快风力也就越大。一般用风级或多少米 / 秒来衡量风力大小。通常将风级分为 0 ~ 12 级。飓风的风级为 12 级以上，这时风速会在 32.6 米 / 秒以上，它导致房屋被吹倒，树木被连根拔起，海浪滔天，相当可怕！实验中，红色指针的摆动幅度越大，说明风速（风力）越大，这样我们就可以初步了解周围环境的风力大小了。

智慧花

实验中的风力装置能否大致测得风的方向吗？

智慧花答案

可以测定。只要看"旗帜"的飘动方向就可以大致地测得风向了。

风是一种潜力很大的新能源。你知道吗，18 世纪初，横扫英法两国的一次狂暴大风，吹毁了 400 多座风力磨坊、800 多座房屋、100 多座教堂、400 多条帆船，并有数千人受到伤害，25 万株大树被连根拔起。仅就拔树一事而论，风在数秒钟内就产生 750 万千瓦的功率！有人估计过，地球上可用来发电的风力资源约有 100 亿千瓦，几乎是现在全世界水力发电量的 10 倍。目前全世界每年燃烧煤所获得的能量，只有风力在一年内所产生能量的三分之一。因此，国内外都很重视利用风力来发电，开发新能源，这均归因于风能是一种可再生能源，是取之不尽、用之不竭的无污染的能源，具有广阔的应用前景。风力发电兼具效益上和环保上的优势，并将首选成为可以与常规能源发电相竞争的新能源发电方式。[①]

（1）风是由空气流动引起的一种自然现象，它是由太阳辐射热引起的。

（2）风向是指风的去向，如南风就是指空气自北向南流动。

（3）风能是一种清洁的可再生能源，它取之不尽、用之不竭。

① 李振邦 . 展望 21 世纪风能的利用与发展［J］. 运筹与管理，2002，11（6）：129.

参考答案

（1）正确。

（2）错误。风向是指风吹来的方向，南风是指空气自南向北流动。

（3）正确。

为自己点“赞”

在实验中，你每完成一项下面的内容就能得到一个👍。请将对应的👍涂成实心，看看自己能得几个👍。

快乐参与实验

自己寻找材料

顺利完成实验

发现新的问题

与小伙伴分享实验

设计新的实验方法

30 奇妙的静电

生活小问题

在干燥的秋冬季节，我们常常会碰到这种现象：晚上睡觉脱毛衣时，会听到噼啪的声响，而且伴有蓝光；早上起来梳头时，头发会“飘”起来，越理越乱；有时两人见面握手，或去开汽车车门时，当手指一接触到对方或车门把手时，会猛然感到刺痛感而惊慌失色……其实这些都是静电发挥的作用。静电在我们的生活中可谓是既奇妙又熟悉了。那静电究竟是什么呢？它又是如何产生的？下面的这个简易验电装置的制作实验，可以帮助我们了解。

生活中的材料

带盖塑料瓶、锥子、尖嘴钳、回形针、铝箔、气球、剪刀、尺。

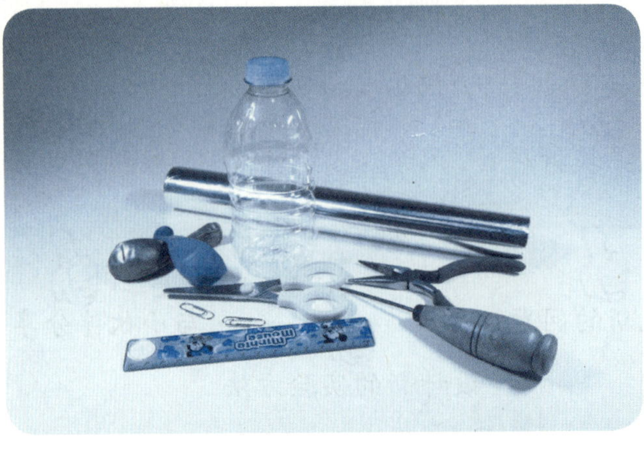

方法与步骤

（1）准备一个干燥的带盖塑料瓶，用锥子在盖子上戳一个孔，孔的大小刚好能使回形针铁丝穿过。

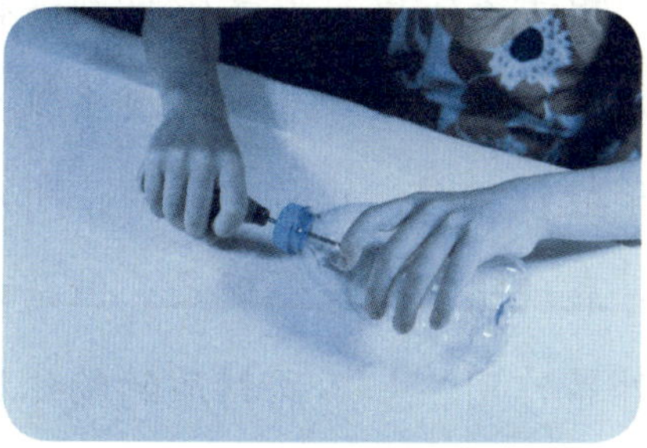

（2）从铝箔纸上剪下两个长约 3 厘米、宽约 1 厘米的小片。

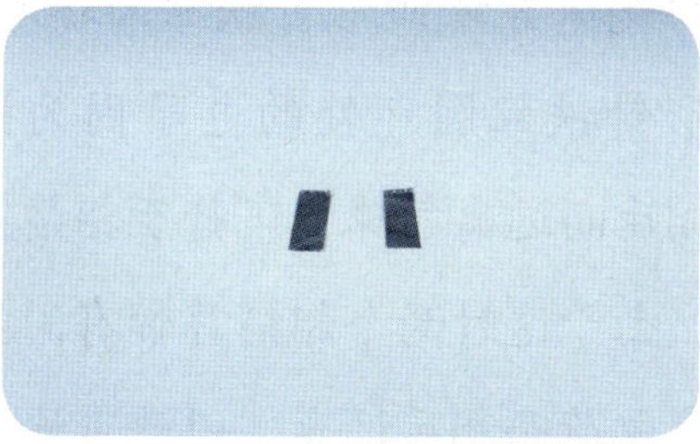

（3）将回形针拉直对折，在对折处将铁丝弯一个小圆环，将对折的回形针铁丝插入瓶盖上的小孔中，圆环正好架在瓶盖外侧。

（4）将回形针铁丝的末端弯成挂钩，将两个铝箔片分别挂在两个挂钩上，两个铝箔片之间留有一点距离，再盖紧瓶盖。

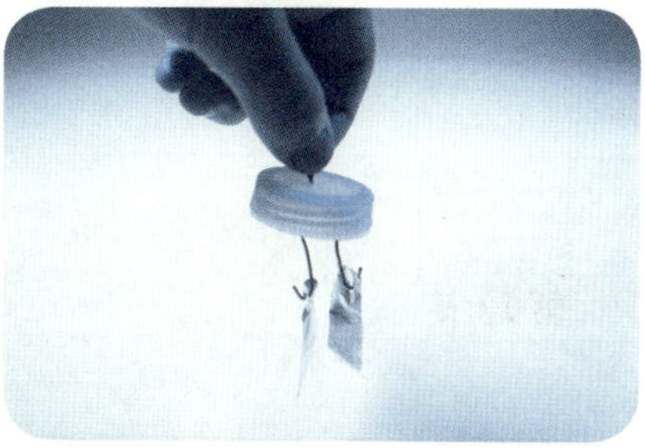

（5）将气球充气后，在头发上摩擦数次，再将气球靠近回形针铁丝的圆环，观察铝箔片的变化情况。

小贴士

静电是一种处于静止状态的电荷。任何物质都是由原子组合而成，而原子的基本结构为质子、中子及电子，质子和中子在原子核中，电子在原子核外围。质子带正电，中子不带电，电子带负电。在正常状况下，一个原子的质子数与电子数量相同，正负电平衡，所以对外表现出不带电的现象。但是由于外界作用，如不同材质的物体摩擦会使原子的正负电不平衡，即可产生静电。本实验设置是一个模拟的验电器。当因和头发摩擦而带负电的气球靠近回形针铁丝圆环时，回形针铁丝圆环处的电子因为同性相斥而远离气球，下行至铝箔片上。由于这时两个铝箔片带有同样的负电荷而相斥远离，以此可检验静电的存在。

智慧花

如果将塑料盖子换成金属盖子，实验能成功吗？

智慧花答案

金属盖子是导体，回形针铁丝圆环处的电子因为同性排斥远离气球后，就可能到达金属盖上，就会影响实验效果。

在飞机飞行过程中，飞机机体与空气、水汽、灰尘等微粒摩擦会使飞机带电，如果不采取措施，将会严重干扰飞机无线电设备的正常工作，使飞机变成聋子和瞎子。在印刷厂里，纸页之间的静电会使纸页粘合在一起，难以分开，给印刷带来麻烦。在制药厂里，由于静电吸引尘埃，会使药品达不到标准的纯度。在播放电视时荧屏表面的静电容易吸附灰尘和油污，形成一层尘埃的薄膜，使图像的清晰程度和亮度降低。在混纺衣服上常见而又不易拍掉的灰尘，也是静电捣的鬼。漆黑的夜晚，人们脱尼龙、毛料衣服时，会擦出火花并发出“噼啪”的响声，这对人体基本无害。但在手术台上，电火花会引起麻醉剂的爆炸，伤害医生和病人。在煤矿，电火花则会引起瓦斯爆炸，会导致工人死伤，矿井报废。[①] 鉴于静电的危害，人们也想出了防止和消除静电的两种方法：一种是让产生的静电泄漏掉，如采用接地、使用消电器等将产生的电荷直接泄漏掉；另一种是在电荷很难泄漏的情况下（如绝缘材料产生的静电），则采取抑制或减少静电产生的方法，如增加空气湿度、添加抗静电改性剂、材料的导电性填充等。[②]

① 华庆福．静电的危害与防止［J］．数理化学习，2013（8）：22.

② 赵斌，杨尚平，等．浅谈静电的危害及其应用［J］．物理与工程，2006，16（3）：53.

YES OR NO

（1）金属比塑料更容易产生静电。

（2）油罐车的尾部有时会拖一条接地的铁链，这是为了保持油罐车的平衡。

（3）勤洗澡、勤换衣服，能有效消除人体表面积聚的静电。

参考答案

(1) 错误。材料的绝缘性越好，越容易产生静电。金属是导体。

(2) 错误。油罐车尾接地铁链的作用是把车上的静电导入大地，避免油罐车因静电积累而带来安全隐患。

(3) 正确。

为自己点“赞”

在实验中，你每完成一项下面的内容就能得到一个👍。请将对应的👍涂成实心，看看自己能得几个👍。

- 快乐参与实验
- 自己寻找材料
- 顺利完成实验
- 发现新的问题
- 与小伙伴分享实验
- 设计新的实验方法

参考文献

［1］白宏峰，朱慧荣．水分的散失——蒸腾作用实验设计［J］．生物学教学，2006，31（10）：46.

［2］包一鸣，吴森堂．适宜于间歇滑翔飞行的气流环境建模研究［J］．飞行力学，2008，26（3）：14–17.

［3］陈洪州，陈海玲．我国的活火山［J］．地球，2002（1）：8.

［4］程绩，刘波．预防肌腱损伤修复术后粘连的研究进展［J］．重庆医学，2010，39（16）：2219–2221.

［5］常文武．竹蜻蜓、贝济埃曲线及其他［J］．科学（上海），2013，65（3）：60–62.

［6］邓馨瑄．当植物遭遇干旱［J］．科学大观园，2011（18）：61–63.

［7］窦光宇．风筝中的科学［J］．科知识，2007（2）.

［8］郭文，王继宏，等．应力在肌腱愈合中的作用［J］．中国组织工程研究，2015（29）：4716.

［9］华庆福．静电的危害与防止［J］．数理化学习，2013（8）：22.

［10］黄永杰．风力多大我知道［J］．少年科学，2014（27）：34–35.

［11］李科友，朱海兰．遗传物质——DNA 发现的启迪［J］．生物学通报，2010，45（10）：59–62.

［12］李雯婷．生物圈 2 号，何去何从［J］．大自然探索，2015（3）：44–49.

［13］李铁锋，潘懋．火山喷发及其环境效应［J］．地质论评，1999，45（S8）：63–71.

［14］李祥，吕嘉扬．焦糖色素生产的现状及其发展方向［J］．中国酿造，2003（1）：7–9.

[15] 李斌，岳成驰 . 火箭在中国的起源［ J ］. 军事史林，2012（9）：44–46.
[16] 李振邦 . 展望 21 世纪风能的利用与发展［ J ］. 运筹与管理，2002，11（6）：124–129.
[17] 刘延柱 . 竹蜻蜓与回旋镖［ J ］. 力学与实践，2008，30（3）：104–105.
[18] 廖瑞庭 . 浅析墨家的力学思想［ J ］. 管理观察，2010（19）：26–27.
[19] 默片 . 喷泉之城［ J ］. 中国建筑金属结构，2014（10）：76–77.
[20] 牛建刚，牛荻涛 . 酸雨的危害及其防治综述［ J ］. 灾害学，2008，23（4）：110–116.
[21] 任天文 . 来自生物圈 2 号的太空梦想［ J ］. 科学大观园，2014（20）：36.
[22] 史桂芳 . 警惕指甲油的危害［ J ］. 求医问药 · 女人健康，2010（3）：38.
[23] 孙文德 . 不可替代的人类家园——“生物圈 2 号”的实验始末与启示［ J ］. 自然与人，2000（3）：26–27.
[24] 童城 . 地球上的土壤究竟是如何形成的［ J ］. 资源导刊，2008（9）：36–37.
[25] 汤涌 . 世界谍报史上的奇闻［ J ］. 百姓生活，2009（9）：61.
[26] 王卿璜 . “酵母菌与发酵技术”一课的教学设计及反思［ J ］. 生物学通报，2010，45（6）：27–30.
[27] 王少彬，王敏，等 . 化石的形成、发掘及标本制作——以鸟类化石为例［ J ］. 生物学通报，2011，46（3）：7–9.
[29] 王乐松 . 程控喷泉水体艺术及应用初探［ J ］. 设计艺术，2005（2）：72–73.
[30] 万国华，等 . 走近彩拓版画［ J ］. 美术大观，2006（11）：16–17.
[31] 巫亚珍 . 阿基米德和浮力定律的发现［ J ］. 中学生数理化（八年级物理），2013（4）：35.
[32] 徐德康 . 腾飞的“竹蜻蜓”直升机技术的百年发展［ J ］. 国际航空，2003（7）：59–63.
[33] 姚毅华 . 孩子适合涂指甲油吗［ J ］. 少年科学，2008（2）.

［34］严乐洋．纠正初中物理“孔明灯”的不准确描述［J］．科教文汇，2013（12）：166–167.
［35］杨丰帅，周厚吾．白色念珠菌致病机制及治疗研究进展［J］．现代医药卫生，2013（11）：3411–3414.
［36］赵玉红，张立刚，等．乳酸菌和酵母菌共生发酵生产面包的研究［J］．食品工业科技，2003，24（3）：61–62.
［37］赵斌，杨尚平，等．浅谈静电的危害及其应用［J］．物理与工程，2006，16（3）：51–54.
［38］周文斌．化学之父罗伯特·玻意耳［J］．初中全科导学，2011（9）：35–36.
［39］周建中，李莉．模拟制作生物化石的活动设计［J］．生物学教学，2013（12）：59–61.
［40］周爽楠，魏朝明．标本、化石、活化石及孑遗生物概念的辨析［J］．生物学教学，2012，37（11）：64.
［41］周营川，倪国福．喷泉前的思考［J］：物理教学探讨，2006，24（5）：38–39.
［42］张新娥．紫甘蓝做酸碱指示剂天然环保效果好［J］．实验教学与仪器，2007（3）：48.
［43］张守忠．指纹中的秘密［J］．大自然探索，2010（2）：61–64.
［44］张平凡．土壤的秘密［J］．环境，2013（4）：74–76.
［45］身份证背后的秘密［J］．工业博览，2013（25）：31–33.
［46］生物圈 2 号的教训［J］．大自然探索，2009（10）：20–21.
［47］赵吉兴，李宝玛．焦糖色素的分类、生产工艺以及发展前景［C］．中国食品添加剂发展应用工业协会着色剂专业委员会 2007 年会论文集，2007：35–37.
［48］吕辉．基于分形图形的密写术［D］．杭州：浙江理工大学硕士学位论文，2007.
［49］贴翅标本制作 // 青少年科技活动大全编委会．青少年科技活动大全［M］．上海：上海科技教育出版社，1998：189–190.

[50] 刘恩山 . 生物学（七年级上册）[M]. 北京：北京师范大学出版社，2005：97-100.

[51] 刘植义，付尊英 . 生物 1（必修）分子与细胞教师教学用书 [M]. 北京：北京师范大学出版社，2010：103-106.

[52] 刘贵兴，方鸿辉，等 . 创新物理实验 [M]. 上海：上海教育出版社，2007.

[53] 周建中 . 带着孩子学科学 [M]. 上海：上海科技教育出版社，2013.

[54] 周建中 . 与孩子的科学对话 [M]. 上海：上海科技教育出版社，2015.

[55] [美] 罗伯特·伍德 .OH！真有趣 [M]. 陈欣然，刘奥，译 . 天津：天津社会科学院出版社，2008：10.

[56] [美] 贾尼斯·范克里夫 . 有趣的生物科学实验 101 [M]. 林文鹏，译 . 上海：上海科学技术文献出版社，2009.

[57] [美] 贾尼斯·范克里夫 . 有趣的地球科学实验 101 [M]. 林文鹏，译 . 上海：上海科学技术文献出版社，2009.

[58] [美] 贾尼斯·范克里夫 . 有趣的物理科学实验 101 [M]. 林文鹏，译 . 上海：上海科学技术文献出版社，2009.

[59] [美] 贾尼斯·范克里夫 . 有趣的化学科学实验 101 [M]. 林文鹏，译 . 上海：上海科学技术文献出版社，2009.

[60] [德] 吉塞拉·吕克 . 家长和孩子一起玩的小实验 1 [M]. 李嘉，译 . 济南：山东出版社，2011.

[61] [德] 吉塞拉·吕克 . 家长和孩子一起玩的小实验 2 [M]. 李嘉，译 . 济南：山东出版社，2011.